EXAMEN

DU PROJET DE LOI

SUR

LES BREVETS D'INVENTION,

Adopté par la Chambre des Pairs, et soumis à la Chambre des Députés,

PAR M. THÉODORE REGNAULT,

Avocat à la Cour Royale de Paris,

Juge de Paix suppléant du 6ᵉ arrondissement de Paris,

Membre de la Commission chargée, par le gouvernement, de réviser les lois sur les Brevets d'Invention.

A Paris,

CHEZ M. THÉODORE REGNAULT,

Rue de Bondy, Nᵒ 23, près de la Porte Saint-Martin ;

A la Salle des Séances, 10 rue Duphot, près de la Madeleine,

Maison du Cercle Duphot ;

Et chez les Libraires DELAMOTTE aîné, place Dauphine, Nᵒˢ 26 et 27
L. BOUCHARD-HUZARD, rue de l'Éperon-Saint-André-des-Arcs, N.

1843

Lorsqu'il s'agit de l'adoption d'une loi d'un intérêt
aussi général, c'est plus qu'un droit, c'est un
devoir, pour chaque citoyen, de contribuer, par
ses efforts, à ce qu'elle soit le moins imparfaite
possible.

La Publication de cet **EXAMEN** est le résultat de l'improvisation dont la sténographie a été revue par M. Théodore REGNAULT. Elle a lieu et sera continuée par séance.

EXAMEN

DU PROJET DE LOI

SUR

LES BREVETS D'INVENTION,

Adopté par la Chambre des Pairs, et soumis, en ce moment,
à la Chambre des Députés,

PAR M. THÉODORE REGNAULT,

Avocat à la Cour Royale de Paris,

Membre de la Commission chargée, par le gouvernement, de réviser les lois sur les
Brevets d'Invention.

> Lorsqu'il s'agit de l'adoption d'une loi d'un
> intérêt aussi général, c'est plus qu'un droit,
> c'est un devoir, pour chaque citoyen, de con-
> tribuer, par ses efforts, à ce qu'elle soit le
> moins imparfaite possible.

PREMIÈRE SÉANCE.

THÉORIE DU DROIT DES INVENTEURS. — DE L'INSTITUTION DES
BREVETS. — DE LA DIVISION, DE LA DURÉE ET DE LA TAXE
PROPORTIONNELLE DES BREVETS.

SOMMAIRE.

Motif et objet de la réunion.

Le désir d'éclairer la discussion et d'améliorer le projet en provoquant les
observations.
Absence de principes dans le projet. On est parti *du fait*, de l'existence
du passé.

On a adopté le système des patentes délivrées, en Angleterre, pour inventions, lequel remonte à 1625.

Doit-on conserver l'institution des brevets,

> Dans l'intérêt des inventeurs?

> Dans l'intérêt de la société?

Importance et difficultés d'une bonne réglementation des droits de l'intelligence. C'est un des côtés de la grave question de l'organisation du travail, à l'ordre du jour dans tous les Etats à la tête de la civilisation.

Durée et taxe des brevets.

Durée et taxe *uniques* en Angleterre et aux Etats-Unis.

Division de la durée, et taxe proportionnelle, en France.

Motifs de la taxe en France.

Les brévetés doivent payer une taxe. Pourquoi?

Le meilleur mode de paiement de la taxe serait celui par *annuités* adopté en Autriche.

———

MESSIEURS,

Par les lettres d'invitation que vous avez reçues, vous avez pu pressentir quel était l'objet de cette réunion. Cependant, avant d'entrer en matière, je me dois à moi-même de vous faire connaître les motifs qui l'ont déterminée. Je dis : *je me dois à moi-même,* car, homme nouveau, inconnu peut-être, de la plupart d'entre vous, je me livre, aujourd'hui, à un acte qui, bien que privé, a, par sa nature, une certaine solennité. Les personnes qui ne me connaissent point, par l'effet d'un sentiment de malveillance, malheureusement trop naturel à l'humanité, pourraient croire qu'un motif d'intérêt m'a guidé. Peut-être, je dois franchement le dire, y a-t-il, chez moi, un intérêt, un intérêt puissant; mais, ce n'est pas, je vous le déclare, je vous l'affirme, un intérêt matériel, généralement peu honorable dans son principe.

Avocat depuis vingt ans, j'exerce une profession dont l'honneur, le désintéressement et l'indépendance sont les

Motif et objet de la réunion.

qualités et le caractère distinctifs. Je ne me suis attaché, je n'ai monté, jusqu'à présent, au char de personne; satisfait de ma position, je m'y tiens, et n'en cherche pas d'autre, parce qu'elle suffit à mon ambition. J'ai, depuis plusieurs années, consacré mes études à une branche de législation que je puis appeler *moderne*, qui tend à prendre sa place, et qui, peut-être, n'a pas encore, en quelque sorte, acquis ses droits de naturalité. Je me suis occupé à rechercher les principes des propriétés intellectuelles. J'entends par *propriétés intellectuelles* celles qui s'appliquent aux productions littéraires, scientifiques, artistiques et industrielles.

En 1828, sous le Ministère Martignac, M. de St--Cricq, alors Ministre du commerce, cédant aux réclamations incessantes de plusieurs industriels inventeurs, nomma une Commission pour réviser la législation des brevets. Cette Commission était composée de :

MM. Girod de l'Ain, député. — *Président* ;

Thénard,
Boigues,
Ternaux,
Delaborde, } Députés ;

Molard aîné, membre de l'Académie des Sciences ;

Cochaud, chef du bureau des Manufactures ;

Ch. Renouard,
Th. Regnault, } Avocats ;

Guillard de Sénainville, Secrétaire.

Plus tard, furent adjoints MM. Gay-Lussac, Emile Vincens, Azevedo et Quenault.

Je payai mon tribut avec le zèle que devait apporter l'homme le plus jeune de la Commission, avec le désintéressement le plus absolu. Je ne demandai même pas un remerciement; car, la politesse des gouvernements n'est pas comme celle des particuliers. Elle ne consiste point n démonstrations plus ou moins obséquieuses : elle se borne à récompenser, par l'estime, attachée, dans l'opinion , à la seule circonstance de leur choix , les citoyens auxquels ils s'adressent pour des services publics. Un travail fut fait et remis à M. d'Argout en 1330. M. d'Argout était alors Ministre du commerce. Il soumit ce travail au Conseil d'Etat, qui y fit des modifications importantes. Ces modifications, ainsi que le surplus du projet, furent communiqués aux Conseils généraux de l'agriculture, du commerce et des manufactures. De nouvelles modifications furent apportées par ces conseils. Un premier projet sortit de ces diverses élaborations ; il ne parut pas assez complet. Bientôt, il fut suivi d'un second, qui, lui-même, après plusieurs années, fut remplacé par le projet actuel. Ce projet a passé à la Chambre des Pairs, quelques changements y ont été introduits; aujourd'hui, il est soumis à la Chambre des Députés.

Loin de moi l'idée de repousser la solidarité d'un travail fait par une Commission à laquelle j'ai eu l'honneur d'être associé ; j'en accepte toutes les conséquences : cependant, je l'ai examiné de nouveau, et j'ai vu qu'il laissait, suivant moi, beaucoup à désirer.

Ainsi, il y a, de ma part, conviction intime. Ce projet est important ; il est difficile. *Il est important*, puisqu'il a pour objet de réglementer les droits du génie d'invention; *il est difficile*, car il s'adresse à une législation *nouvelle*, à des *idées* en quelque sorte mal assises ; et, pour faire une pareille loi , on ne doit pas se contenter des connaissances incertaines de la théorie ; il faut y joindre surtout l'application. Ce projet doit être, comme je l'ai dit, dans une autre occasion , *la formule des faits et de l'expérience.*

Une discussion remarquable a eu lieu dans la Chambre des Pairs ; mais, à mon avis, soit que les membres de cette Chambre, si notable et si distinguée, n'aient pas eu la connaissance pratique de la matière, soit que le projet n'ait pas pu être élaboré avec tout le soin qu'il comporte de sa nature, je ne craindrai pas de dire que la Chambre des Pairs s'est livrée plutôt à une discussion *de mots que de choses*; c'est-à-dire qu'elle a plutôt suivi le projet présenté par le gouvernement, qu'elle ne l'a examiné dans son principe et dans ses effets économiques (*).

Vous savez, maintenant, le motif qui m'a déterminé. Vous voyez que c'est le désir de compléter, autant qu'il est en moi, un projet auquel j'ai coopéré, et qui ne doit pas être refait incessamment. Nous sommes encore sous l'empire des lois de 1791; elles ont 52 ans d'existence; et il est à croire que, si le projet nouveau doit être adopté, il est dans sa destinée d'avoir au moins une durée égale. Il est donc fort important, dans l'intérêt des industriels, de l'économie générale de l'industrie, de la société en un mot, que ce travail acquière tout le dégré de maturité dont il est susceptible.

Absence de principes dans le projet. On est parti du fait, de l'existence du passé

Dans l'exposé des motifs, fait par M. le Ministre du commerce, à la Chambre des Pairs, on n'a pas examiné les questions de principes. Le Ministre a dit : « Les membres « des Chambres sont des législateurs et non des *métaphy-* « *siciens*; ce sont les faits qui gouvernent le monde, ce « n'est pas la philosophie, » ou, du moins, la philosophie en ce qui concerne les travaux des Députés et des Pairs. En conséquence, le Ministre, sans remonter aux principes de la loi, s'est borné à consacrer les dispositions capitales de la législation de 1791, et à y ajouter celles que les besoins de l'industrie et les progrès actuels lui semblaient avoir nécessitées.

Voici, du reste, pour ne pas être accusé de diminuer

(*) Le rapport de la Commission de la Chambre des Pairs lu, le lundi 20 mars, fut imprimé et distribué le 22, et la discussion fixée au 24, deux jours seulement après la distribution. (Voir le *Moniteur* du 21 mars 1843.)

en rien la valeur des idées de l'Exposé des motifs, comment il s'exprime :

« Faut-il, maintenant, pour apprécier la législation des brevets, remonter à l'origine des droits des inventeurs, en « rechercher le fondement, en discuter le principe, la na- « ture, l'étendue ?

« Faut-il dire, avec l'Assemblée nationale, que toute « *idée nouvelle*, dont la manifestation ou le développement « peut devenir utile à la société, *appartient primitivement* à « celui qui l'a conçue, et que ce serait attaquer *les droits de* « *l'homme* dans leur essence que de ne pas regarder une « découverte industrielle comme la propriété de son au- « teur ?

« Faut-il dire, avec Mirabeau, que les découvertes de l'in- « dustrie et des arts *étaient une propriété avant que l'As-* « *semblée nationale l'eût déclaré* ?

« Faut-il dire, enfin, avec l'éloquent Député, rappor- « teur de la loi sur la propriété littéraire en 1841, que, si « le travail est le premier titre, le titre le plus légitime, le « plus inviolable de toute propriété, on ne peut contester « les titres et les droits du travail à ce produit magnifique « et saint des plus hautes facultés que la nature ait données « à l'homme, à l'exercice des facultés du génie humain ?

« Ou, doit-on admettre, au contraire, que la pensée n'est « la propriété de celui qui l'a conçue que tant qu'elle ne « s'est pas produite au-dehors ; qu'une fois mise au jour et « livrée au monde, elle appartient au monde ; que la ma- « tière seule peut être saisie, occupée, retenue ; que l'in- « vention, produit de la fermentation générale des idées, « fruit du travail des générations successives, n'est jamais « l'œuvre d'un seul homme, et ne peut devenir sa propriété « exclusive que par le consentement de la société, dans le « sein de laquelle il a trouvé le germe que son génie a fé- « condé ?

« Heureusement, Messieurs, nous n'avions pas à vous dé-

« férer une question de pure métaphysique, et nous ne pou-
« vions oublier que les sociétés, qui s'éclairent et s'amélio-
« rent par les discussions philosophiques, ne se gouvernent
« pas par des principes absolus et vivent de la réalité des
« faits.

« *Bornons-nous, donc, à constater ce qui existe, et ce qui*
« *existe sans contestation depuis* 1791. L'inventeur ne peut
« exploiter sa découverte sans la société ; la société ne peut
« en jouir sans la volonté de l'inventeur ; la loi, arbitre sou-
« verain, est intervenue : elle a garanti, à l'un, une jouis-
« sance exclusive temporaire ; à l'autre, une jouissance
« différée, mais perpétuelle. Cette solution, transaction né-
« cessaire entre les principes et les intérêts, constitue le
« droit actuel des inventeurs ; et, droit naturel ou droit
« concédé, propriété ou privilège, indemnité ou rémunéra-
« tion, ce résultat a été regardé universellement comme le
« règlement le plus équitable des droits respectifs, la rai-
« son publique l'a accepté, et il est devenu, dans cette ma-
« tière, la base de la législation chez tous les peuples. »

Ainsi, comme le dit l'Exposé des motifs, *heureusement,*
Messieurs, nous n'avions pas à vous déférer une question de pure
métaphysique. Le projet ne contient pas de principes ; c'est
un édifice sans assises, sans fondements ; et, cependant,
par l'effet de la loi d'unité, tout, dans la législation, dans
la philosophie, dans l'ordre matériel, doit avoir une base.
La loi qui n'en a pas, doit nécessairement faire son temps
au bout de peu d'années. Jugez-en par ce qui s'est passé au
sujet de la loi sur la propriété littéraire. Lorsqu'elle fut
discutée par la Chambre des Pairs, on n'examina pas,
suffisamment, la question métaphysique, la question de
savoir si un ouvrage littéraire constituait ou non *une pro-*
priété ; on s'occupa de réglementer les droits des auteurs
littéraires et artistiques ; mais, quant à la question de principes, quant à ce qu'on appela *la métaphysique de la question,*
quant à la nature du droit, enfin, on ne s'en occupa pas avec
tout le soin que cette recherche commandait.

Lorsque le projet, ayant passé à la Chambre des Pairs, fut soumis à la Chambre des Députés, M. de Lamartine, rapporteur de la Commission, se servit des expressions mêmes que, plus tard, répéta le Ministre, dans son exposé. M. de Lamartine dit aux Députés, qu'ils n'étaient pas des *métaphysiciens*, qu'ils n'avaient à examiner que les faits et à les mettre en harmonie avec les besoins.

Cependant, la Chambre des Députés ne partagea pas cet avis ; et, dans la discussion générale, elle commença par examiner la nature du droit.

La Commission avait dit : le droit de l'auteur littéraire est une *propriété*, propriété plus sacrée, plus respectable que toute autre ; car, elle est intime, elle est personnelle à l'homme ; elle est le résultat de son organisation même. A ce titre, c'est la propriété *la plus sainte*.

La Commission ajoutait, par l'organe de son rapporteur : cependant, nous faisons aujourd'hui, *un essai ;* nous portons à cinquante ans, le droit de l'auteur. Nous disons cinquante ans, en attendant qu'à ce terme, nous puissions substituer le mot *toujours*. La transition serait trop brusque, si nous adoptions, de suite, les conséquences de la propriété, c'est-à-dire la perpétuité et la transmissibilité. Dans l'état actuel de la législation, l'auteur jouit pendant sa vie, ses héritiers en ligne directe pendant vingt ans, en ligne collatérale pendant dix. Eh bien ! nous allons étendre ce droit à cinquante ans ; nous allons faire un essai ; mais, le principe du droit de l'auteur, c'est la *propriété*. La majorité de la Commission l'a reconnu.

Lorsque, dans la discussion générale, comme je viens de le dire, on examina ce principe, les Députés se firent, alors *métaphysiciens* : alors, ils recherchèrent si le droit de l'auteur littéraire constituait vraiment une propriété ; et il y eut cela de singulier, que M. de Lamartine qui disait : nous ne sommes pas des métaphysiciens, en contradiction avec lui-même, déclarait que la Commission, dans sa majorité, avait adopté le principe de la propriété. Eh bien ! pour adopter ce principe, il fallait, cependant, que les membres de la Commission se fussent faits *métaphysiciens;* car, il est impossible de présumer qu'ils auraient, aveuglément et par l'effet d'un sentiment purement instinctif, adopté la base de la propriété.

Les membres de la Chambre se livrèrent à un examen approfondi ; des discussions purement métaphysiques fort remarquables eurent lieu sur ce point. Il en résulta que la majorité rejeta le principe. Dès lors, on passa aux articles de la loi ; et, du moment où la base avait été repoussée, le projet croula bientôt par sa base même. Qu'arriva-t-il, en effet ? c'est que lorsqu'on en fut à l'art. 29 du projet, tout était tellement anéanti par la discussion, par suite du rejet du principe, que la loi adoptée par la Chambre des Pairs, fut sapée par la Chambre des Députés ; elle fut renvoyée à la Commission. Quand sera-t-elle reproduite ?

Il était donc essentiel d'examiner le principe ; il fallait savoir, pour en déduire les conséquences, s'il était ou non *une propriété;* il fallait, nonobstant, l'opinion du célèbre rapporteur, se faire *métaphysicien;* c'est ce que fit la Chambre des Députés.

Qu'arriva-t-il à la Chambre des Pairs, lors de la discussion du projet de loi sur les brevets d'invention ? c'est que le Ministre ayant dit : *nous n'avions pas, heureusement, une question de pure métaphysique à vous déférer,* les membres de cette Chambre ne se firent pas *métaphysiciens;* ils n'examinèrent pas le principe du droit des inventeurs ; on suivit elle projet présenté par le gouvernement ; on discuta chaque article ; on y fit des modifications, mais des modifications de détails ; on n'aborda pas la question sérieuse ; on ne rechercha pas quelle était la nature du droit ; et cependant, l'on verra bientôt la nécessité de fixer cette nature, afin d'en déterminer les effets et les applications.

J'ai pensé que la Chambre des Députés se livrerait à une investigation plus profonde. Nous vivons dans un siècle d'incrédulité ; nous ne nous contentons pas des paroles ; il faut qu'elles aient un sens, une valeur ; nous voulons remonter à l'origine des choses ; savoir les causes de nos convictions ; et je crois que, lorsqu'on en viendra à la discussion générale, on se demandera, comme on s'est demandé lors de la discussion de la loi sur la propriété littéraire : quelle est la base du projet ? quelle est la nature du droit des auteurs d'inventions industrielles ? Je vais compléter, par un exemple, la nécessité logique d'asseoir, avant tout, les principes.

Un des orateurs les plus remarquables de la Chambre des Députés, M. Berville, après avoir examiné le principe métaphysique de la propriété littéraire, s'écria : Mais, messieurs les auteurs, vous vous plaignez de votre position ! Comment ! vous avez la jouissance de votre œuvre *pendant votre vie ;* vos héritiers directs l'ont pendant *vingt ans,* vos héritiers collatéraux *pendant dix ;* tandis qu'un inventeur n'a la jouissance de sa découverte que pendant *cinq, dix* ou *quinze ans.* Vous, messieurs les auteurs, vous jouissez *sans payer ;* les inventeurs-brevetés sont obligés non-seulement de payer, et de payer assez cher, mais ils ont une jouissance extrêmement limitée, en comparaison de la vôtre. De quoi vous plaignez-vous ?

Ainsi, quel que soit le talent de l'orateur, il y avait, chez lui, une voix qui lui disait : il y a similitude entre la propriété industrielle et la propriété littéraire ; l'auteur et l'inventeur travaillent dans le champ de la pensée ; ils exploitent tous deux ce domaine. Mais, l'orateur ne voyait pas qu'il existe, dans la nature même de ce droit, des *différences essentielles,* qui doivent déterminer des conséquences et des effets différents quant à la durée et aux conditions. En effet, le principe est bien commun à la vérité ; mais, chez l'un, l'auteur littéraire, il n'y a pas inconvénient, il y a, au contraire, avantage, pour la société, à ce que, *pendant toute sa vie,* il conserve la jouissance de son œuvre ; tandis que, pour l'autre, l'inventeur industriel, il y aurait danger et même injustice à ce que la durée du droit exclusif fût aussi longue que celle du littérateur.

« C'est, dit avec raison, M. Ch. Renouard (Théorie du
« droit des Auteurs dans la littérature, les sciences et les
« beaux-arts) c'est parcequ'on se laisse aller à éluder la
« discussion des principes fondamentaux, que les questions
« restent confuses, que les lois rédigées comme au hasard
« et sans une pensée d'ensemble, se prêtent à toutes les
« argumentations, que la jurisprudence flotte sans bous-
« sole. Non, de tels débats ne sont pas oiseux. L'étude de
« la législation resterait incomplète, si l'on se contentait de
« copier les textes qu'elle entasse, ou même de déterminer
« les résultats qu'il lui est utile d'obtenir, et quelque chose
« manque à la satisfaction de l'intelligence et à la sûreté
« logique des raisonnements, aussi bien qu'à la plénitude
« de la conviction, tant que l'on néglige de remonter
« jusqu'à la vue des principes, et de redescendre, ensuite,
« la série de leurs conséquences. »

Ces considérations font d'autant mieux sentir la nécessité de déterminer la nature du droit des auteurs sur les œuvres de la pensée, quel que soit son mode d'expression.

Il est, donc, important de rechercher le principe, d'établir les différences qui distinguent l'invention industrielle des productions littéraires. Car, si les deux produits étaient identiques, pourquoi limiter le droit de l'inventeur? pourquoi lui imposer une taxe? pourquoi, si l'industriel, qui rend un service immense à la société par l'invention d'une de ces machines qui pourrait, en quelque sorte, bouleverser la face du monde, n'a pas la possibilité de payer 1,500 fr. pour s'assurer une jouissance de quinze années, et ne peut donner que 500 fr. le réduire à une jouissance de cinq ans bien insuffisante pour le dédommager des sacrifices, des pertes de temps et d'argent que lui aura nécessités la création de son œuvre?

Vous comprenez, maintenant, qu'il est indispensable de remonter aux principes; de fixer nettement en quoi le droit de l'inventeur diffère, par sa nature, du droit de l'auteur littéraire, artistique ou scientifique ; de montrer pourquoi il faut, dans l'intérêt de la société elle-même, que l'auteur littéraire ait un droit viager, et que ce droit se transmette à ses héritiers pendant un certain temps ; tandis qu'au contraire, il faut, également par la nature des choses, que le droit de l'auteur industriel soit circonscrit dans une limite beaucoup plus restreinte, soumis à des conditions spéciales et exceptionnelles.

D'après le programme, plusieurs questions doivent être examinées dans cette séance. La première domine toutes les autres :

De la nature du droit des auteurs d'inventions industrielles; sous quels rapports ce droit diffère, dans son principe, et doit différer, dans ses effets, du droit des auteurs d'ouvrages de littérature, de sciences et d'arts.

Voilà ce que j'appelle la question qui *domine* toute la loi, dont la solution est indispensable pour consolider l'édifice. Les autres questions en sont, en quelque sorte la dépendance; et, quoique le programme en ait annoncé cinq, cependant, je l'avoue, si je veux me faire comprendre, jeter quelques racines dans vos esprits, il faut donner, à la première, à la question *vitale*, tout le développement que comporte sa nature.

Le projet adopté par la Chambre des pairs a 51 articles, il eût été aussi long que fastidieux, peut-être, de se livrer dans des séances de ce genre, à la discussion de chacun de ces articles. Qu'ai-je dû faire? prendre les sommités du projet: les examiner, en chercher la solution; sauf, s'il y a lieu, à entrer, plus tard, dans les détails. Voyons, donc, la première question ;

Quelle est la nature du droit des auteurs industriels?

C'est ici qu'il faut se faire métaphysicien, en remontant

à l'origine du droit, à sa cause, à sa nature. Ce mot de *métaphysique* a quelque chose, en soi, d'effrayant. Cependant, lorsqu'on réduit les idées philosophiques à leur juste valeur, lorsqu'à côté de ces idées, on met l'application pratique, alors la métaphysique se résout plutôt en faits qu'en principes, ou les principes ne deviennent que la formule des faits.

Ce droit est-il une propriété, un privilège, un monopole, un droit sui generis?

Qu'est ce que le droit de l'auteur industriel? Est-ce une propriété, un privilège, un monopole? Est-ce un droit *sui generis*, un droit d'une nature particulière? L'Assemblée nationale a, ainsi, fixé, dans son préambule, le principe de la loi :

Principe de propriété adopté par la loi de 1791.

« Considérant que *toute idée nouvelle*, dont la manifesta-« tion, ou le développement peut devenir utile à la société « *appartient primitivement*, à celui qui l'a conçue, et que ce « serait attaquer les droits de l'homme dans leur essence, « *que de ne pas regarder une découverte industrielle comme la* « *propriété de son auteur*, etc. »

« **Article premier** ; *Toute découverte ou nouvelle invention,* « dans tous les genres d'industrie, *est la* PROPRIÉTÉ *de son* « *auteur* ; en conséquence, la loi lui en garantit la pleine et « entière JOUISSANCE, suivant le mode *et pour le temps* qui « seront ci-après déterminés. »

L'Assemblée nationale est partie de ce point, que TOUTE IDÉE NOUVELLE APPARTIENT PRIMITIVEMENT *à celui qui l'a conçue, et que toute découverte ou invention est la* PROPRIÉTÉ *de*

Du principe de propriété, la loi de 1791 fait un simple droit de jouissance temporaire et conditionnelle.

son auteur. Ainsi, l'Assemblée nationale considère une invention industrielle comme une *propriété* ; et, cependant, à côté de ce principe si absolu, la loi vient se mettre, à l'instant, en contradiction avec elle-même, puisque de cette propriété, si sacrée, si personnelle, si intime à l'homme, elle fait, immédiatement, un simple droit de JOUISSANCE, et de jouissance très temporaire ; *car, il ne peut s'étendre au-delà de 15 ans.* En effet, l'article 8 porte :

« Les patentes seront données pour 5, 10 ou 15 ans, au

« choix de l'inventeur ; ce dernier terme ne pourra, jamais,
« être prolongé sans un décret particulier du Corps légis-
« latif. » Eh bien ! Messieurs, qu'est-ce qu'une *propriété*
dont on n'a le droit de disposer que pendant 5, 10 ou 15 ans?
Si l'on venait dire à un propriétaire d'immeuble : vous aurez la propriété de votre maison, de votre champ, pendant
5, 10 ou 15 ans, regarderait-il cela comme une propriété
véritable? Je vois là, dirait-il, une jouissance temporaire
plus ou moins longue ; mais pour une propriété, je n'en re-
connais pas. Car, la propriété suppose la perpétuité ; c'est
là son caractère dominant ; retirez la perpétuité, vous aurez la *possession*. Mais, si je ne dispose de mon bien que
pendant un temps limité, j'en aurai la simple *jouissance*, je
n'en aurai pas la *propriété*. Lors, donc, que l'Assemblée nationale considère toute *idée nouvelle* comme la *propriété* de
son auteur, et qu'elle limite cette propriété à une *jouissance,*
non pas même viagère, comme pour l'auteur littéraire et
l'artiste, mais de 5, 10 ou 15 ans, elle établit un principe
qui n'a pas d'application. Elle se sert d'un mot sans valeur,
sans portée, ou, plutôt, elle en fausse le sens dans la limitation des effets qu'elle lui attribue.

Il est, donc, essentiel de savoir ce que c'est que la PRO-
PRIÉTÉ ; car, comme l'a dit Pascal, avec tant de profondeur
et de raison : « La plupart des disputes chez les hommes,
« viennent de ce qu'ils ne s'entendent pas sur la valeur des
« mots. Commencez par fixer cette valeur, et vous com-
« mencerez à vous entendre. » Si l'Assemblée nationale
avait suivi ce précepte, elle se serait demandé, comme
nous, qu'est-ce qu'une propriété ? Elle ne l'a point fait ; et
cependant, M. de Boufflers, rapporteur de la loi de 1791,
dans son rapport, extrêmement remarquable du reste,
s'exprime ainsi : « S'il existe, pour un homme, *une véri-*
« *table propriété, c'est sa pensée;* celle-là, du moins, paraît
« hors d'atteinte ; elle est personnelle, elle est indépen-
« dante, elle est antérieure à toutes les transactions;

Contradiction entre le principe et les conséquences adoptées.

Le principe de 1791 est donc mauvais et faux.

Qu'est-ce que la propriété?

Quels sont ses caractères et ses effets généraux ?

« et l'arbre, qui naît dans un champ, n'appartient pas aussi
« incontestablement au maître de ce champ, que l'idée qui vient
« dans l'esprit d'un homme n'appartient à son auteur. L'inven-
« tion, qui est la source des arts, est, encore, celle de la pro-
« priété ; elle est la propriété primitive ; toutes les autres ne
« sont que des conventions ; et ce qui rapproche et ce qui
« distingue, en même temps, ces deux genres de propriétés,
« c'est que les unes sont des concessions de la société,
« et que les autres sont une véritable concession de la
« nature. »

Vous voyez comme le rapporteur de la loi de 1791 s'est
exprimé : s'il existe pour un homme *une véritable propriété,*
c'est sa pensée. Celle-là, elle est hors d'atteinte, elle est
personnelle, elle est indépendante, elle est antérieure à
toutes les transactions : et, de ce principe si saint, si solen-
nellement proclamé, il en fait un simple droit de jouissance
de cinq, dix ou quinze ans, un droit de jouissance à la
charge de payer d'avance une somme déterminée. En sorte
que, si industriel, ayant fait une invention qui peut re-
culer les bornes de l'industrie, de la civilisation même,
vous n'avez pas de quoi payer la jouissance de votre
propriété, vous resterez de côté ; vous ne jouirez pas de
votre invention, ou vous n'en jouirez que comme tout autre.
C'est, donc, une illusion que ce principe mis en avant ; c'est
un mensonge.

Eh bien, messieurs, nous sommes, cependant, sous l'empire de ce mot, de ce préjugé ; et nous y sommes d'autant
plus, que ce n'est pas la loi de 1791 seule qui l'a établi.

Lorsqu'à l'Assemblée constituante on vint demander une
loi, sur les droits des auteurs dramatiques, M. Chapelier,
rapporteur, considéra ce droit comme une *propriété.* « *La*
« *plus sacrée,* dit-il, *la plus légitime, la plus inattaquable,* et,
« si l'on peut parler ainsi, *la plus personnelle* DE TOUTES LES
« PROPRIÉTÉS, est l'ouvrage, fruit de la pensée d'un écri-
« vain. » Ainsi, le rapport de la loi sur les spectacles, loi

L'Assemblée cons-
tituante a, égale-
ment, adopté le
principe de pro-
priété pour les œu-
vres dramatiques,
littéraires et artis-
tiques. De là, le
préjugé, l'influence
du mot.

comtemporaine de celle du 7 janvier 1791 sur les brevets
d'invention, puisqu'elle est du 19 janvier de la même
année, proclama également le même principe. L'Assemblée
nationale ouvrit la voie; elle se lança dans la métaphysique
de la question; elle dit, au sujet du droit des inventeurs : la
propriété primitive, la propriété la plus personnelle, la plus
incontestable, c'est l'invention. Arriva, ensuite, le rapport
de la loi sur les spectacles, qui proclama pareillement que :
la plus sacrée, la plus légitime, la plus inattaquable, et si
l'on peut parler ainsi, la plus personnelle de toutes les propriétés, *c'est l'ouvrage, fruit de la pensée d'un écrivain*. Voilà
donc, pour les auteurs littéraires comme pour les auteurs
industriels, la législation identique dans son point de
départ. Mais on alla plus loin. Lorsque les idées révolutionnaires furent calmées, on sentit, de plus en plus, la nécessité de fixer les droits du génie. Dans la nuit du 4 au
5 août 1789, on avait aboli tous les priviléges, les maîtrises,
les corporations, les jurandes, proclamé la liberté absolue.
C'était la loi du temps, le besoin de l'époque. Toutefois,
dans cet holocauste, on comprit les droits les plus sacrés.
Aussi en 1791, voyons-nous la loi sur les brevets d'invention, la loi sur les spectacles; plus tard, les auteurs littéraires, dont les droits n'étaient pas encore fixés, réclamèrent leurs franchises. Laharpe, présenta, lui-même, la
pétition ; voici, comment Lakanal, rapporteur, à la Conven-
tion nationale, de la loi du 19 juillet 1793, établit le
principe de cette loi.

« De toutes les *propriétés*, la moins susceptible de con-
« testations, celle dont l'accroissement ne peut ni blesser
« l'égalité républicaine, ni donner d'ombrage à la liberté,
« c'est, sans contredit, celle des productions du génie ; et,
« si quelque chose doit étonner, c'est qu'il ait fallu recon-
« naître cette *propriété*, assurer son libre exercice par une
« loi positive; c'est qu'une si grande révolution que la
« nôtre ait été nécessaire pour nous ramener, sur ce point

« comme sur tant d'autres, aux simples éléments de la jus-
« tice la plus commune.

« Le génie a-t-il ordonné, dans le silence, un ouvrage
« qui recule les bornes de la science, des connaissances hu-
« maines? Des pirates littéraires s'en emparent aussitôt;
« et l'auteur ne marche à l'immortalité qu'à travers les hor-
« reurs de la misère. Et ses enfants! la postérité du grand
« Corneille s'est éteinte dans l'indigence.

« L'impression peut d'autant moins faire, des produc-
« tions d'un écrivain, une propriété publique, dans le sens
« où les corsaires littéraires l'entendent, que l'exercice
« utile de la propriété de l'auteur, ne pouvant se faire que
« par ce moyen, il s'en suivrait qu'il ne pourrait en user
« sans la perdre à l'instant même.

« Par quelle fatalité faudrait-il que l'homme de génie,
« qui consacre ses veilles à l'instruction de ses concitoyens,
« n'eût à se promettre qu'une gloire stérile, et ne pût re-
« vendiquer le tribut légitime d'un si noble travail?

« C'est, après une délibération réfléchie, que votre
« Comité d'instruction publique vous propose de conserver
« des dispositions législatives qui forment, en quelque
« sorte, la déclaration des droits du génie. »

Ainsi, voilà, encore, pour les auteurs littéraires, une loi
dont le principe est la *propriété*. Quelle est la conséquence
de ce principe dans l'application? C'est que, par la loi sur
les spectacles, l'auteur d'un ouvrage dramatique en a la
jouissance pendant sa vie, et ses héritiers la conservent
cinq ans; pour les ouvrages artistiques et littéraires, l'auteur en jouit pendant sa vie, et ses héritiers pendant dix à
vingt ans. En sorte que ce principe de propriété est aussi
faux, pour les ouvrages dramatiques et les œuvres littéraires
et artistiques, que pour les inventions industrielles, c'est-à-
dire que cette propriété se réduit, dans les trois cas, *à un
simple droit de jouissance* plus ou moins long, mais qui ne
saurait, jamais, être considéré comme une propriété, dans
'acception légale du mot.

Il faut, donc, reconnaître, en bonne logique, que le principe, redisons-le, est essentiellement faux : et rechercher si, d'après sa nature, le droit de l'inventeur doit constituer une *propriété*, ou une simple jouissance temporaire. Ce point est fort grave.

Et, d'abord, qu'est-ce qu'une *propriété?* Lorsque nous nous adressons cette question, il n'est pas un de nous qui ne se réponde à lui-même qu'il comprend parfaitement le mot. Mais, cependant, s'il fallait en donner la définition, nous nous trouverions fort embarrassés. Alors, la complication qui s'établit dans l'esprit, les pensées diverses qni viennent se heurter, les nombreux rapports que fait naître en nous l'idée de propriété; l'intérêt qui nous domine à notre insu, ne nous permettent pas de définir, d'une manière précise et claire, ce que, pourtant, nous sentons si profondément, ce que nous concevons avec tant de netteté.

Lorsque le célèbre utilitaire, Bentham, eut à examiner cette question, il chercha, longtemps, quelle définition il devait donner de la propriété. Voici comment il s'exprime, à ce sujet, dans son *Traité de Législation civile et pénale*.

« Pour mieux sentir le bienfait de la loi, cherchons à « nous faire une idée de la propriété; nous verrons qu'il n'y a « point de propriété naturelle, qu'elle est uniquement l'ou- « vrage de la loi.

« La propriété n'est qu'une base d'attente ; l'attente de « retirer certains avantages de la chose qu'on dit posséder « en conséquence des rapports où l'on est déjà placé vis à- « vis d'elle.

« *Il n'est point d'image, point de peinture, point de trait visi- « ble, qui puisse exprimer ce rapport qui constitue la propriété.* « C'est qu'il n'est pas matériel, mais métaphysique. Il ap- « partient, tout entier, à la conception de l'esprit.

« Avoir la chose entre les mains, la garder, la fabriquer, « la vendre, la dénaturer, l'employer, toutes ces circons- « tances physiques ne donnent pas cette idée de la pro-

« priété. Une pièce d'étoffe qui est, actuellement, aux
« Indes, peut m'appartenir, tandis que l'habit que je porte
« peut n'être pas à moi. L'aliment, qui s'est incorporé dans
« ma propre substance, peut appartenir à un autre à qui
« j'en dois compte.

« L'idée de la propriété consiste dans une attente établie ;
« dans la persuasion de pouvoir retirer tel ou tel avantage
« de la chose selon la nature du cas. Or, cette attente, cette
« persuasion ne peuvent être que l'ouvrage de la loi ; je ne
« puis compter sur la jouissance de ce que je regarde comme
« mien, que sur la promesse de la loi qui me le garantit.
« C'est la loi seule qui me permet d'oublier ma faiblesse
« naturelle. C'est par elle seule, que je puis enclore un ter-
« rain et me livrer au travail de la culture dans l'espoir
« éloigné de la récolte. »

Disons-le, donc, avec Bentham, *il n'est point d'image,
point de peinture, point de trait visible qui puisse exprimer ce
rapport qui constitue la propriété ;* et, cependant, nous en
avons, tous, la conscience ; lorsque nous faisons un retour
sur nous-mêmes, nous trouvons que cette idée est claire,
qu'elle s'identifie avec notre organisation ; et, pourtant,
nous sommes dans l'indécision quand il s'agit de la définir ;
c'est-à-dire que ce grand précepte : *ce que l'on conçoit bien
s'énonce clairement*, se trouve, ici, complètement en défaut.
Pourquoi cette difficulté ? Il en existe une cause ; c'est que
la propriété, par elle-même, est un mot essentiellement
complexe, et dont la définition est impossible, comme tout
ce qui tient à la définition des idées purement abstraites.
Allez demander à une Académie, quelle qu'elle soit,
qu'elle vous donne une définition du *beau ;* elle ne le pourra
pas. Il est de ces choses qui ne peuvent pas se définir, parce
que, par eux-mêmes, les mots comportent tant d'idées, se
subdivisent en tant de rapports différents et qui s'entrecho-
quent les uns les autres, bien que se confondant dans l'expression, qu'il est impossible de leur donner une définition
réelle et sensible.

Le Code civil, qui nous régit, a cherché à définir la propriété. Avant lui, les Romains, avaient dit que la propriété était *Jus uti et abutendi re suâ, quatenus ratio juris patitur*, c'est-à-dire le droit de jouir et d'abuser de la chose autant que la raison du droit le comporte.

Si nous nous arrêtons à cette définition, elle ne nous donne pas une idée nette de la propriété; c'est un effet de la propriété, mais ce n'est pas la propriété. Dire qu'un homme est propriétaire et qu'il a droit de disposer de sa chose, ce n'est pas déterminer ce que c'est que la propriété; c'est fixer ce à quoi il a droit en vertu de la propriété; mais ce n'est pas définir le droit.

La définition du Code civil n'est pas plus heureuse. « La « propriété, dit ce Code, est le droit de jouir et de disposer « des choses de la manière la plus absolue, pourvu qu'on « n'en fasse pas un usage prohibé par les lois ou par les « règlements. » C'est-à-dire que si les lois ou les règlements déterminent que la jouissance ne pourra durer que vingt ans, ce sera là la propriété. En d'autres termes, la propriété, suivant le Code, n'est autre chose que ce que les lois veulent qu'elle soit. Eh bien, je ne vois pas, encore, dans tout ceci, de définition de la propriété. Mieux valait n'en pas donner, que d'en donner une incomplète et fausse. Toutefois, l'adoptant pour un moment, elle ne peut pas s'appliquer au droit de l'auteur littéraire ou industriel. L'auteur d'une invention industrielle, a-t-il le droit d'en jouir, et surtout, d'en *disposer de la manière la plus absolue?* Non; car, il n'en jouit exclusivement que pendant quinze ans au plus, et, encore à la charge de commencer par payer, s'il le peut, sa jouissance : et, si dans deux ans, il n'a pas mis son invention en activité, il est déchu de son droit. Il ne jouit, donc, pas, il ne dispose, donc, pas *de la manière la plus absolue.* Il n'a, donc, pas un droit de propriété sur sa découverte : sa découverte ne rentre, donc, pas dans la définition donnée par le Code civil.

Définition de la propriété par la loi romaine et par le Code civil,

Mauvaise, inexacte, insuffisante.

Cette définition ne saurait s'appliquer au droit de l'auteur littéraire ou industriel.

Il y a plus; loin d'être libre de jouir de son invention, la loi lui fait une obligation de sa jouissance; car, s'il ne l'exploite pas dans les deux ans, il encourt la perte de son droit exclusif. C'est une des causes de déchéance prescrite par la loi de 1791, et conservée par le nouveau projet. Ce projet est, même, plus rigoureux : il impose, au bréveté, l'obligation d'exploiter son invention *d'une manière continue,* et le frappe de déchéance *s'il cesse de l'exploiter pendant plus d'une année.*

Singulière propriété, que celle qu'on perd par le seul fait de discontinuité, pendant un an, dans la jouissance à laquelle la loi vous oblige !

Cependant, le brevet confère un droit ; ce droit est-il un privilège? un monopole? quelle est, enfin, sa nature?

Le droit de l'inventeur est-il un privilège? ou un monopole?

Est-ce un privilège? Cette question a été, longtemps; débattue à la Chambre des députés, lors de l'examen du principe du droit des littérateurs. La commission avait dit : c'est une propriété; la chambre a dit : non, c'est un privilège. Mais, on a, longtemps et savamment, discuté, en perdant de vue le point de départ; c'est-à-dire qu'on n'a pas commencé, comme on aurait dû le faire, par discuter la valeur du mot *privilège.* Pour savoir si c'est un privilège, commençons, donc, par fixer ce qu'on doit entendre par *privilège.*

Et d'abord, qu'est-ce qu'un privilège? Un monopole?

Pour déterminer la valeur de ce mot, nous avons une règle; adoptons-la ; elle émane d'un corps savant, de la réunion des hommes qui représentent la science dans la société, c'est-à-dire de l'Institut. Voici, suivant l'Académie, la définition du privilège; privilège, d'après l'étymologie, c'est une loi privée, *privata lex.* « *Privilège : faculté donnée à un* « *particulier de faire quelque chose, ou de jouir de quelque avan-* « *tage qui n'est pas de droit commun.* »

« *Monopole : trafic exclusif en vertu d'un privilège.* »

Le privilège est, donc, un droit accordé en dehors du droit commun, un droit de faire ce que les autres sont empêchés de faire.

Eh bien! le droit de l'inventeur doit-il être considéré comme un privilège? Oui; en adoptant cette définition: non, si, au mot *privilège*, s'attache une idée de *faveur*. Ainsi, avant les brevets d'invention, il existait, en matière industrielle, ce qu'on appelait des *privilèges exclusifs*; ils se délivraient *selon le bon plaisir de l'autorité*. Alors, il n'y avait pas un principe reconnu; il n'y avait pas un droit fixe. Le droit était le résultat d'une volonté particulière; de sorte que, si un inventeur ne pouvait pas, par ses recommandations, par lui-même, par son influence personnelle, arriver à obtenir un privilège, il rentrait, pour l'exercice de sa découverte, dans le droit commun, il n'avait pas de loi privée.

En France, comme dans les gouvernements à privilèges, ils étaient devenus une ressource fiscale; selon ses besoins, l'Etat en délivrait plus ou moins, et les faisait payer plus ou moins cher. L'Assemblée nationale, en 1791, voulut détruire cet abus; elle décréta que le droit de l'inventeur était une *propriété* sacrée, intime, personnelle; que l'arbre, qui naît dans un champ, n'appartient pas aussi incontestablement au maître de ce champ que l'idée qui vient dans l'esprit d'un homme n'appartient à son auteur: qu'enfin, cette *propriété* n'était pas, comme les autres, une concession de la société, mais une véritable concession de la nature.

L'Assemblée nationale passa d'un extrême à l'autre : elle appliqua, faussement, le nom de *propriété* à un droit qu'elle réduisait, à l'instant même, à une simple jouissance temporaire, moyennant finances, et à charge d'en user sous peine de déchéance. Elle jeta, ainsi, la confusion dans les idées, en dénaturant, totalement, le caractère de la propriété.

Disons-le, donc, le droit de l'inventeur est un *privilège*, si ce mot ne comporte pas l'idée d'une *faveur;* mais, si cette idée s'y rattache, ce droit n'est pas un privilège. Y a-t-il, en effet, faveur dans l'octroi d'un brevet? Oui, sans doute, si l'on examine l'expression de privilège dans sa plus grande généralité; l'octroi dans ce cas, est une faveur que la société concède à l'inventeur ; mais, avec cette interprétation, la propriété serait, aussi, une faveur, un privilège ; car, la propriété, dans ses effets, n'est autre chose qu'une concession de la société, commandée, à la fois, par l'intérêt général, et l'intérêt individuel. Des raisons politiques, le besoin de fixité, d'ordre, ont fait établir, dans la propriété matérielle, la perpétuité et la transmissibilité. Si, comme certains novateurs, dans ces derniers temps, on voulait renverser la propriété, et lui substituer, soit un système de communauté, soit une règlementation telle, que la succession n'existerait pas, et, qu'à la mort du propriétaire, les biens tomberaient dans le domaine public, par l'effet d'un droit de deshérence, qu'en résulterait-il ? Qu'on anéantirait, chez l'homme, le mobile de ses actions ; on irait contre sa nature même ; car, quelle est cette nature ? Le besoin du travail, mais non pas d'un travail stérile ; l'homme travaille pour recueillir le fruit de sa peine et le transmettre à sa postérité, à sa famille, pour en disposer, après lui, selon ses affections naturelles ou présumées.

Aussi, dans l'intérêt de la société, on a dû établir la perpétuité et la transmissibilité, en matière de propriété. Autrement, l'homme aurait travaillé pour subvenir à son existence personnelle ; il aurait bâti pour la durée de sa vie ; il se serait fort peu embarrassé de ce que sa fortune serait devenue après lui. Certes, il est des hommes assez généreux pour faire, dans l'intérêt général, le sacrifice de leur temps, de leur fortune, de leurs veilles ; mais, c'est là l'exception ; et l'intérêt de la société exigeait la consolidation de la propriété par la perpétuité et la transmissibilité. D'ailleurs, n'est-ce pas le résultat de l'organisation de l'homme ? Est-ce qu'il ne vit pas dans sa famille, dans ses enfants ? Est-ce que, par la loi de nature, il ne doit pas leur transmettre ce qu'il a gagné, acquis par son économie et son labeur ? Il faut, donc, la perpétuité et la transmissibilité pour la propriété.

Mais, lorsqu'on arrive aux droits de l'intelligence, cette perpétuité, cette transmissibilité doivent-elles être conservées? C'est ici qu'il convient de signaler les grandes différences qui existent, à raison de leur nature, entre les droits de l'auteur littéraire, artistique ou industriel, et le droit de propriété des choses matérielles. Nous avons dit, tout à l'heure, que, dans l'intérêt de la société, il fallait la perpétuité et la transmissibilité de la propriété matérielle. Ces conditions sont-elles *nécessaires* pour les droits de l'auteur littéraire? Les héritiers de cet auteur doivent-ils recueillir ces droits à perpétuité?

Différence entre les droits de l'auteur littéraire, artistique ou industriel, et le droit de propriété sur les choses matérielles.

Je commence par déclarer que non; et je dis *non*, à la fois dans l'intérêt de la société, et dans un esprit de justice et d'équité; car, dans toute loi, il faut qu'à côté de la justice, de la légalité, marche l'équité elle-même.

Je dis que, dans la conscience comme dans la justice, le droit d'un auteur littéraire ne doit pas être transmissible *à perpétuité*; que ce droit ne peut être assimilé au droit de propriété d'objets matériels; je m'explique.

Pourquoi la perpétuité de la propriété matérielle? je le disais, tout à l'heure, c'est dans l'intérêt même de la société, de la consolidation de la propriété, de la satisfaction des sentiments intimes de l'organisation de l'homme.

Des devoirs sont imposés aux héritiers; il ne leur suffit pas de recueillir la propriété de leur auteur; il ne suffit pas qu'ils possèdent, il faut qu'ils conservent en entretenant, en ajoutant à la chose. Ainsi, l'héritier, qui recueillera un champ, une maison, est obligé, soit directement soit indirectement, de veiller à la conservation de sa propriété. Sinon, la propriété dépérit; elle s'anéantit; son intérêt exige cette conservation. Mais, en matière de littérature, rencontre-t-on la même obligation, les mêmes effets? non; l'héritier n'intervient pas pour conserver la propriété de son auteur; il n'y ajoute rien; à son fait de possession de l'ouvrage, il ne joint pas le fait de son action de conservation; car, il ne fait rien à cet ouvrage; il n'y donne aucune valeur; l'ouvrage n'est pas susceptible de dépérir comme une propriété matérielle; il n'y a, donc, pas, même motif pour établir la perpétuité d'une propriété littéraire.

Maintenant, à côté du droit de l'héritier, se trouve le droit de la société. Or, l'intérêt de la société réclame une durée limitée dans la jouissance de l'héritier littéraire. Pourquoi? parce que, si l'on admettait, d'après la définition romaine, comme d'après la définition française, que la propriété est le droit de jouir et de *disposer* de sa chose *de la manière la plus absolue,* il en résulterait que l'héritier pourrait anéantir l'héritage; de sorte que, souvent, par l'effet de circonstances politiques ou autres, un gouvernement ou un particulier même pourraient acheter, des héritiers, pour les annihiler, des ouvrages qu'ils auraient intérêt à éteindre. Il faut, donc, que l'héritier d'un ouvrage littéraire le conserve à la société.

Pourquoi a-t-on établi la transmissibilité dans la personne de cet héritier? ce n'est pas seulement pour qu'il conserve la chose, c'est surtout en vue des dispositions intimes résultant de l'organisation de l'auteur. On s'est dit: l'auteur est mu généralement par deux mobiles: le mobile de la gloire, de la conviction, de la propagation de ses idées pour éclairer la société, pour faire marcher la civilisation; et le mobile de l'intérêt de sa famille, de ses enfants. Si l'on n'avait pas accordé un droit aux héritiers, que serait-il résulté? Que, contre l'intérêt de la société, on se serait exposé à anéantir les ouvrages les plus importants. Montesquieu a passé vingt-cinq ans à faire son *Esprit des Lois;* s'il était mort le lendemain de la publication de son chef-d'œuvre, et qu'il n'eût pas existé de droit pour ses héritiers, ils pouvaient se trouver dans la misère en présence de la civilisation enrichie par l'immortel ouvrage de leur auteur. Si l'on n'accordait pas un droit à l'héritier, on découragerait les auteurs d'ouvrages sérieux, et l'on encouragerait les productions éphémères. L'auteur travaillerait pour le moment, pour de l'argent. Sans doute, quelques-uns pourraient être animés par la satisfaction d'instincts plus nobles ; mais, plus que jamais, chacun doit recevoir le prix de sa peine, c'est la loi de nature.

Un auteur littéraire doit porter sa sollicitude par-delà sa vie ; il doit voir sa femme, ses enfants. Il faut, donc, un droit de transmissibilité. Doit-il être un droit de propriété exclusive ; le droit de jouir et disposer, c'est-à-dire d'anéantir ? Non, il faut que l'héritier recueille pour conserver et transmettre à la société.

Toutefois, comme aucune loi n'impose à l'héritier l'obligation de publier, il pourra, par l'effet soit d'un sentiment personnel, soit d'un intérêt sordide, rester dans le silence ; on n'a rien à lui dire ; tant qu'il vivra, il peut anéantir, et dans ce cas, les intérêts de la société étant en arrière, on a dû dire : Il faut atteindre le but ; pour cela la société, après l'héritier, doit être propriétaire, non-seulement de la jouissance, mais de la nue-propriété, c'est-à-dire, qu'elle doit avoir la pleine propriété de l'ouvrage.

Vous voyez, donc, déjà, la nécessité d'un droit viager pour l'auteur littéraire et d'un droit de transmissibilité en faveur de ses héritiers.

Maintenant, arrivons au droit des inventeurs industriels. Ce droit doit-il être le même ? L'auteur d'une invention doit-il jouir, pendant sa vie, et ses héritiers après lui ? Ou bien, y aurait-il injustice à accorder ce droit à l'auteur littéraire et à le refuser à l'industriel ?

Pourquoi le droit exclusif de l'inventeur doit avoir une durée moins longue que celui de l'auteur littéraire.

Il y a, dans l'économie générale de la législation sur les produits de la pensée, une incohérence, des dissemblances qui ne peuvent s'expliquer que par le défaut d'unité dans l'esprit des législateurs, et l'absence de connaissances exactes et positives de la matière qu'ils avaient à traiter.

Ainsi, un fabricant de bronzes, produit un modèle de pendule ou de candélabre ; il en a la jouissance exclusive, aux termes de la loi de 1793, pendant sa vie, ses héritiers, pendant dix ou vingt ans. L'artiste, le statuaire, le peintre, le graveur sont assimilés, quant à la durée de la jouissance, à l'auteur d'un ouvrage littéraire.

De même, l'inventeur de dessins de fabriques, de dessins sur papier de tenture, étoffes, etc., aux termes d'un décret du 18 mars 1806, a la *propriété perpétuelle* de son dessin, moyennant le paiement d'une somme de *dix* fr., et le dépôt de ce dessin soit au Conseil des prudhommes, soit au greffe du Tribunal de commerce.

A côté, voilà l'auteur d'une invention qui n'a que cinq, dix ou quinze ans de jouissance, en payant taxe; en sorte que celui qui a fait l'invention de l'application de la vapeur, de la boussole, de l'aiguille aimantée, ces hommes qui ont fait faire tant de progrès à la civilisation, n'ont qu'une jouissance bien restreinte, à la charge de payer, à la condition de jouir d'une manière continue, sous peine de déchéance; ils se trouvent dans des conditions beaucoup moins favorables que celui qui n'a fait qu'un dessin de fabrique ou un modèle de bronze. Il y a là quelque chose de contradictoire; et j'ai, souvent, entendu des industriels, surtout depuis que cette loi fait germer les idées, me dire : mais, pourquoi nous faire payer? Pourquoi limiter notre jouissance? Comment! J'ai d'un côté, un voisin dessinateur pour fabriques; il fait une dessin sur papier de tenture, sur toile, sur indienne; il en a la jouissance exclusive pendant sa vie sans rien payer : d'un autre côté, un bronzier; il fait un modèle de pendule : il en a, également, la jouissance, sa vie durant, sans frais · un statuaire, un peintre, jouissent de leurs œuvres gratuitement : et moi, qui ai consacré ma vie, mes ressources à inventer une chose utile, on me dit : si tu ne paies pas, tu ne jouiras pas; et même, en payant, si tu cesses de jouir *pendant un an*, si tes moyens pécuniaires ne te permettent pas d'exploiter, tu es déchu de ton droit ! Cette question m'avait porté, naturellement, à rechercher quelle était la cause de ces contradictions. Je me suis demandé pourquoi la taxe, une taxe proportionnée à la jouissance ? Je l'avouerai, j'ai longtemps hésité avant d'avoir, à cet égard, des idées nettes et précises ; mais, il est une manière de découvrir la vérité. D'abord, c'est la méditation ; ensuite, la connaissance des faits et de la nature de l'objet dont on veut fixer le droit. Partant de ce point, je me suis dit : qu'est-ce qu'une invention industrielle ? Je m'en suis rendu compte ; et j'ai trouvé qu'une pareille invention était d'une nature tout-à-fait différente de celle d'une création littéraire. Ainsi, pour laisser de côté la métaphysique, ou plutôt pour faire de la métaphysique par les faits, il n'est pas un d'entre nous qui ne reconnaisse l'impossibilité, pour les auteurs littéraires, de faire, non pas un ouvrage, mais seulement deux phrases pareilles, dans les mêmes termes, les mêmes expressions. Et, ne voyons-nous pas, tous les jours, dans les écoles, dans les concours, des programmes de prix, en littérature, en architecture, en peinture, en sculpture, indiquer une idée générale, être rendus par cinquante, cent concurrents, de cinquante, de cent manières différentes ?

Différence entre la nature d'une invention industrielle et celle d'une production littéraire ou artistique.

En matière industrielle, il n'en est pas ainsi. L'expérience des faits, a souvent prouvé que, pour les inventions, dans un temps donné, selon les besoins du moment, par l'effet de circonstances, telles, par exemple, que celle de l'évènement du 8 mai, des industriels pouvaient faire la même invention. La loi elle-même, l'a formellement reconnu ; car, un décret du 25 janvier 1807 porte : « Que la priorité « d'invention, *dans le cas de contestation entre deux brevetés* « *pour le même objet,* est acquise à celui qui, le premier, a « fait, au secrétariat de la Préfecture du département de son « domicile, le dépôt des pièces exigé par l'art. 4 de la loi « du 7 janvier 1791. »

La loi a, donc, supposé que deux industriels pouvaient faire la même invention ; et le fait a souvent confirmé cette prévision. Ainsi, je parlais, tout à l'heure, de la catastrophe du chemin de fer : il s'est trouvé plusieurs découvertes qui ont pourvu, par le même moyen, aux accidents provenant de la rupture des essieux. Des brevets ont été délivrés : Celui qui aura fait sa demande le premier, aura la priorité ; les autres brevets devront disparaître devant son antériorité.

Il résulte, de là, une grande différence entre le droit des auteurs littéraires, et celui des inventeurs industriels, et non seulement des auteurs d'une œuvre de littérature, mais aussi, d'une œuvre de sculpture, d'architecture ou de peinture ; car, dans tous ces cas, il est matériellement, physiquement impossible de faire la même œuvre ; tandis qu'en matière d'industrie, la loi, d'accord avec l'expérience, a démontré la réalité, souvent répétée, de plusieurs inventions semblables. Maintenant, je vais plus loin ; et je me demande pourquoi plusieurs inventeurs peuvent faire exactement la même invention, sans se connaître, sans se communiquer. La cause m'en a paru facile à trouver. C'est qu'en mécanique, les éléments sont déterminés, limités : ils se réduisent à un petit nombre; ainsi, le lévier, la roue, l'engrenage, etc., etc. Je ne suis pas mécanicien ; mais, je sais que les éléments mécaniques peuvent se réduire à un nombre extrêmement restreint.

Or, dans un état de civilisation plus ou moins avancé, et, surtout dans un état tel que celui où nous sommes arrivés, il doit, souvent, advenir que des inventeurs se rencontrent, parce que, très rarement, on fait une invention neuve de toutes pièces. Les inventions, la plupart du temps, ne sont que des perfectionnements, des modifications importantes introduites dans des choses déjà préexistantes. Les imperfections amènent les perfectionnements ; et ce sont les perfectionnements qui forment, véritablement, les trois-quarts ou les neuf-dixièmes des inventions. Aussi, la la loi de 1791, a-t-elle dit sagement, dans son art. 2 : « Tout moyen d'ajouter, à quelque fabrication que ce

« puisse être, un nouveau genre de perfection, sera re-
« gardé comme une invention. »

La loi a très bien senti qu'il ne fallait pas exiger une
invention essentiellement nouvelle dans toutes ses parties,
comme l'application de la vapeur, parce que alors, c'est en
quelque sorte, un élément nouveau qui est entré dans l'application.

Il existe, encore, une autre différence entre les droits des
auteurs littéraires et les droits des auteurs industriels.
L'auteur littéraire exerce un droit sur la forme de la
manifestation de ses idées, et non sur ses *idées elles-mêmes.*
Ainsi, l'auteur littéraire, quand il produit son ouvrage, dit
au public : Prenez mes idées, elles vous appartiennent ;
elles appartiennent à tout le monde, comme l'air que nous
respirons : plus vous vous en emparerez, plus mon amour-
propre, et, souvent, mon intérêt seront satisfaits. Mais,
respectez la manifestation, la forme des idées, le style.
C'est là ma propriété ; c'est là que mon droit utile commence. Je puis avoir lancé des idées nouvelles dans la
circulation ; emparez-vous en ; faites les fructifier, faites de
nouveaux ouvrages ; étendez, augmentez ; mais respectez
ce qui est mon cachet, ma personnalité, mon style, mon
expression, mon mode de manifestation.

L'auteur d'une invention industrielle tient un langage
bien différent : respectez, dit-il, à la fois, ET MON IDÉE, *et
mon mode de manifestation.* Car, chez moi, *l'idée* c'est le *fond ;*
la *manifestation,* c'est *l'accessoire.* Si vous ne respectez pas
mon idée, si vous vous en emparez, si vous la modifiez par
la forme, alors, plus d'invention, mon droit est illusoire.
Voilà pourquoi l'Assemblée nationale a, dans son préambule, consacré ce principe : que « *toute idée nouvelle,* dont
la manifestation peut devenir utile à la société, *appartient
primitivement à celui qui l'a conçue.* » L'Assemblée nationale
a senti que le caractère essentiel d'une invention industrielle, c'est l'idée mère, le principe de cette invention ; et

que le mode de manifestation n'est, en quelque sorte, que la formule. Aussi, cette assemblée a-t-elle voulu consacrer la propriété du fond de préférence à la propriété de la forme. Or, vous concevez, que, si, partant de ce point, on avait par trop étendu les droits de l'inventeur sur le fond, on aurait travaillé en sens contraire de l'intention de la loi ; on aurait arrêté le progrès de l'industrie : on aurait donné un funeste monopole à l'inventeur. Car, il aurait eu un droit exclusif sur une idée, en même temps que sur la forme de sa réalisation, sur une idée qui pouvait, avant lui, être venue dans l'esprit de plusieurs autres moins empressés de la produire, de la déclarer, de la faire enregistrer, pour obtenir la priorité légale. Il était, donc, essentiel, dans l'intérêt du progrès de l'industrie, de limiter le droit de l'inventeur. Il le fallait ; car, véritablement, sous ce rapport, l'inventeur a un *monopole*, dans toute l'étendue du mot, *sur l'idée mère de l'invention*, sur son principe ; et, si, d'un autre côté, on lui retire ce monopole sur le fond pour le réduire exclusivement à la forme, pour lui il n'existera, réellement, plus de droit. Cela a quelque chose, peut-être, de métaphysique pour les personnes qui ne sont pas habituées aux idées industrielles. C'est une branche toute nouvelle, sur laquelle on a, généralement, peu d'occasions de réfléchir profondément. Aussi, pour mieux dissiper les incertitudes, procédons par un exemple.

Pendant longtemps, on a travaillé le minérai, dans les forges ou hauts-fourneaux, avec l'emploi de l'*air froid*. On soufflait le feu avec de l'air le plus froid possible, afin d'activer davantage la combustion par la combinaison et le dégagement de l'oxigène et de l'hydrogène. On faisait, même, en été, des canaux souterrains par lesquels on faisait passer de l'eau pour réfroidir l'air ; et l'air froid était, ainsi, soufflé sur le brasier. En 1828, un écossais, nommé Nelson, renversa la théorie et l'application ; au lieu de souffler de l'air froid, il imagina de souffler de l'*air chaud*,

de l'air incandescent, chauffé à une température excessive-
ment élevée. Il demanda un brevet en Angleterre ; le brevet
fut délivré. Il eut des contrefacteurs , il les poursuivit, et
gagna constamment ses procès. Un brevet d'importation
fut pris en France, par M. Taylor. Eh bien ! l'on disait à
Taylor : Vous ne pouvez pas avoir de droit *sur l'air chaud,*
mais, seulement, *sur les appareils d'application de cet air.*
Ainsi, en changeant tout-à-fait les appareils, on aura le
droit de se servir de l'air chaud. L'air chaud *est un élément
naturel ;* il est à la disposition de tous ; il ne peut être
monopolisé par un seul. Là, où votre droit peut vous appartenir, c'est dans le *mode d'emploi,* c'est-à-dire dans les
appareils. Taylor répondait : Mais, si mon droit est limité
à l'appareil, je n'ai plus de droit, je n'ai plus rien. Car, on
va faire cent appareils qui reposeront sur des principes
essentiellement différents ; dès lors, mon invention n'est
plus à moi. Taylor eut des procès avec des contrefacteurs
qui lui tenaient ce langage ; il finit par réussir ; il conserva
le droit à la fois sur le PRINCIPE, *sur l'air chaud, et sur le
mode de manifestation, sur les appareils ;* en sorte que des
appareils différents furent déclarés contrefaits, par cela seul
qu'ils employaient l'*air chaud ;* et , ce qui appartint,
pendant la durée de son brevet, à Taylor, ce fut *son idée*
de la substitution de l'air chaud à l'air froid, et non pas
seulement, la forme, les appareils. Vous voyez, donc, par
cet exemple, qu'il n'est pas possible d'assimiler l'invention
industrielle aux créations littéraires. Dans ce dernier cas,
les idées appartiennent à tous ; la forme seule appartient à
l'auteur. Au contraire, en matière industrielle, *l'idée,*
principalement, doit appartenir à l'auteur ; c'est là le fond,
l'âme, le principe de son invention ; la forme lui appartient,
aussi, mais accessoirement, en quelque sorte.

Aussi, la loi de 1791, détermine, très sagement, que :
« Si quelque personne annonce un moyen de perfection,

« pour une invention déjà brevetée, elle obtiendra, sur sa
« demande, un brevet pour l'exercice privatif dudit moyen
« de perfection, *sans qu'il lui soit permis, sous aucun prétexte,*
« *d'exécuter ou de faire exécuter l'invention principale ; et,* ré-
« ciproquement, sans que l'inventeur puisse faire exécuter
« lui-même le nouveau moyen de perfection. »

Dans la loi actuelle, et cette disposition a été conservée
dans le projet, on n'a pas admis que l'invention sortait,
comme Minerve, tout armée du cerveau de Jupiter. On a
pensé qu'elle pouvait être à l'état d'imperfection et susceptible de perfectionnement. Toutefois, on ne voulut pas
que le perfectionneur s'emparât de l'idée, de l'invention
principale ; car, il aurait stérilisé le droit de l'inventeur ; il
l'aurait anéanti dans le perfectionnement. L'exemple ayant
été donné à côté du principe, vous voyez, déjà, en puisant
le droit dans la nature de l'objet auquel il s'applique,
pourquoi le droit de l'inventeur industriel doit être essentiellement limité ; c'est que c'est un privilège qu'on lui
donne, parce que, le premier, il s'est fait connaître à la
société, comme ayant révélé, manifesté, une idée nouvelle;
mais, comme tout autre a pu avoir la même idée avant lui
et la conserver dans son cerveau, la garder en portefeuille,
il ne serait pas juste d'accorder un temps de jouissance trop
long à celui qui a eu une idée que, peut-être, dix, vingt autres
avaient eue avant lui. Il y a, donc, ici, une sorte de *mono-*
pole sur l'idée au profit de l'inventeur, au détriment de la
société et de l'industrie en général. Voilà la cause de la
limitation excessive du droit de l'inventeur.

Motifs de l'adop-
tion du système des
brevets

Maintenant, et avant de passer à la question de la taxe,
qui se lie essentiellement à la question de durée du brevet,
voyons, rapidement, quelle est la cause de ce contrat, quelle
est son origine.

En 1791, on voulut fixer les droits des inventeurs industriels. On ne savait pas comment établir le contrat. Plusieurs moyens s'étaient présentés, quatre entr'autres :

Récompenses nationales données aux Inventeurs ;

Acquisition des inventions par l'État ;

Primes ou redevances à payer aux inventeurs par ceux qui voudraient faire usage de leurs découvertes ;

Enfin, *jouissance exclusive, perpétuelle ou temporaire.*

Voilà les quatre modes généraux de rémunération proposés.

On disait : il est juste que l'inventeur soit rémunéré par le corps social ; non-seulement, dans l'intérêt privé de l'inventeur, mais dans l'intérêt de la société elle-même ; dans toute société bien organisée, chacun doit avoir la rémunération de son travail ; c'est la loi de nature ; la rémunération, en matière matérielle, c'est la propriété.

Maintenant, quelle doit être la rémunération en matière d'inventions ? Sera-ce des *récompenses nationales ?*

On examina ce premier mode. Il séduisit d'abord ; mais, lorsqu'on en vint aux applications, on s'arrêta devant ses difficultés pratiques, et l'on se demanda qui déterminerait le prix, la récompense ? Où trouver, d'un côté, un inventeur assez raisonnable pour ne demander que ce qui lui est dû ; d'une autre part, quelle base d'appréciation auront l'État et l'inventeur lui-même pour la rémunération d'un objet qui, en quelque sorte, est conçu sans être encore né, dont on ne connait pas, encore, la valeur d'utilité ? Comment se mettre en garde contre les illusions, les séductions des découvertes, contre les déceptions des inventeurs, contre le charlatanisme de l'intrigue, contre la faveur de la recommandation ? Lorsqu'on se livra à la question pratique, on reconnut que l'exécution était impossible. Comment, d'ailleurs, récompenser tous ces hommes qui, dans un pays aussi civilisé que la France, se présenteraient incessamment : un Pactole n'y suffirait pas. On rejeta ce moyen.

On passa à celui de l'acquisition des inventions par l'État. Mêmes difficultés, mêmes impossibilités. Ce système fut repoussé par les mêmes considérations.

Primes à faire payer aux inventeurs par ceux qui voudraient faire usage de leurs inventions; obstacles de même nature quant à la fixation de ces primes. L'inventeur sera toujours, porté à en demander une trop forte, l'acquéreur toujours disposé à en offrir une trop faible. Qui les conciliera?

On se livra, enfin, au système du privilège. *Perpétuel*: on ne s'y arrêta pas longtemps. *Temporaire* : on avait devant les yeux l'exemple de l'Angleterre. Dans ce pays, on délivrait des patentes de 14 ans. On pensa que l'expérience de nos rivaux, laquelle remontait au règne de Jacques Ier, c'est-à-dire à 1623, avait été utile à leur industrie. En conséquence, le Ministre de l'intérieur demanda, à M. de la Luzerne, alors ambassadeur de France à Londres, des renseignements sur les patentes d'inventions. Une série de questions fut adressée. En voici les principales avec les réponses :

« Est-il vrai, ou non, qu'en Angleterre, on accorde des privilèges exclusifs à quiconque le demande, pour toute invention nouvelle et utile à l'industrie?

« RÉPONSE. Oui ; on en accorde à tous ceux qui le demandent.

« DEMANDE. Les accorde-t-on sans examen de l'objet inventé et des moyens que l'auteur compte employer ; sans autres conditions que celles exprimées dans la patente?

« RÉPONSE. On les accorde sans examen particulier et sans conditions.

« DEMANDE. La description qui est jointe à la patente, est-elle une pièce secrète à la Chancellerie? Est-il permis à tout le monde d'en prendre copie, en quelque temps que ce soit, pour voir si le patenté ne se dit pas inventeur d'une chose déjà connue?

« RÉPONSE. La description est gardée dans les bureaux ; mais, elle est soumise à toute personne qui veut payer un schelling pour la lire.

« DEMANDE. Est-il vrai que ces patentes s'accordent pour toutes sortes d'inventions, quelque peu importantes qu'elles soient, et qu'on en a accordé 10 ou 12 pour le seul article, des *boucles de souliers?*

« RÉPONSE. Les patentes s'accordent pour tout, même pour la chose la plus futile.

« DEMANDE. Les patentes coûtent- ellesplus cher à raison de l'importance de l'invention? Est-ce un revenu pour l'Etat ou pour la Chancellerie?

« RÉPONSE. Les patentes pour les inventions de la plus grande importance ne coûtent pas plus cher que celles délivrées pour les objets les plus minimes. Une patente coûte au privilégié, 80 liv. sterlings, qui sont partagées entre les différents officiers et leurs commis; mais l'Etat n'en reçoit pas la plus légère augmentation de revenu, la patente étant un don du Roi. »

C'est, d'après ces réponses, que fut proposée la loi de 1791, qui n'est que la reproduction du système anglais. Ainsi, en Angleterre, on délivre les patentes sans examen et sans garantie ; on les délivre pour 14 ans. En France, point d'examen, point de garantie : durée des brevets divisée en périodes de 5, 10 et 15 ans.

En Angleterre, on paie 80 liv. sterl. ; pour l'Ecosse et l'Irlande on paie des droits séparés.

En France, établissement d'une taxe proportionnée à la durée du brevet, etc.

L'Assemblée nationale a, donc, élaboré les lois de 1791, elle y a posé les bases générales reproduites dans le projet nouveau.

Maintenant, que nous avons examiné l'institution dans ses principes, avant de passer à la question de la taxe, question importante et vitale, voyons si l'institution doit être maintenue.

Il est beaucoup de personnes qui pensent, comme elles disent, qu'elle *a fait son temps*, et ne doit pas être conservée. Cette question est grave; et la Commission, dont j'avais l'honneur de faire partie, s'était proposé de l'examiner; elle dominait, en effet, tout le projet.

Nous étions dix dans cette Commission. Trois d'entre nous avions été chargés de formuler, dans un ordre systématique, les questions qui devaient servir de base à nos discussions, et être livrées à la publicité par le Ministre du commerce, comme elles le furent effectivement.

La première de ces questions fut celle-ci :

« Continuera-t-on de délivrer, pour les inventions industrielles, des titres qui, sous la dénomination de brevets, conféreront le droit privatif d'exploiter ces inventions pendant un temps déterminé? »

« Nous sommes dix, ici, nous dit M. le président; en est-il qui pensent que l'institution des brevets ne doive pas être maintenue? » Pas une voix négative ne s'éleva. Dèslors, la discussion devenait inutile, puisque nos convictions, instinctives plutôt que raisonnées étaient formées à l'avance. La solution fut, donc, unanime et affirmative.

Lorsque les questions furent publiées par la voie des journaux, par l'impression, l'envoi dans toutes les préfectures, et la distribution qu'en firent les Préfets dans les cours et tribunaux, académies, sociétés savantes et industrielles des localités, des réponses furent faites, de toutes parts, et en grand nombre.

L'un d'entre nous fut chargé de les analyser; et, sur la première question, comme sur les autres, la Commission put voir quelles étaient les opinions, en sens contraire, de chacun des répondants.

La grande majorité fut pour la conservation de l'institution; mais, quelques sociétés savantes, plusieurs particuliers, pensèrent qu'elle ne devait pas être maintenue. La Société des Sciences, de l'Agriculture et des Arts de Lille, l'une des villes, les plus manufacturières de France, fit imprimer son opinion sur le projet; sa réponse à la première question, fut: non; dans l'intérêt de l'industrie en général, l'institution des brevets ne doit pas être conservée.

« 1° Ils peuvent, dit cette société, retarder les progrès de
« l'industrie; car, on a vu, souvent, la même amélioration
« dans les procédés de fabrication connus et exécutés par plu-
« sieurs hommes à la fois, et l'amélioration profiter à un seul.
« 2° Ils sont accordés à une foule de procédés qui ne sont ni
« nouveaux, ni supérieurs aux autres, et la présomption de
« supériorité en faveur de la chose brévetée est une déception
« pour les acheteurs. 3° Leur résultat inévitable étant d'élever
« le prix de la marchandise, ils s'opposent à ce qu'une jouis-
« sance plus étendue satisfasse aux besoins d'un plus grand
« nombre de consommateurs, et à ce qu'une commande plus
« active procure du travail à un plus grand nombre d'indus-
« triels de toutes les classes, et, surtout de la classe des ou-
« vriers. »

Ayant, alors, eu, moi-même, communication de tous ces documents, je les examinai avec soin; ce point fixa, principalement, mon attention.

Je l'avoue, dans cette question, j'avais en quelque sorte, un intérêt personnel engagé. Je dis *un intérêt personnel*, parce que, pour ceux qui me connaissent; pour le palais, pour mes confrères, pour les magistrats devant lesquels j'ai, souvent, occasion de plaider ces sortes d'affaires, on sait que c'est une spécialité de ma vie; de sorte que je puis dire que *j'avais un intérêt personnel* au maintien de l'institution.

Mais, quand un homme a des convictions sincères, loyales, dictées par un intérêt général, son intérêt privé doit disparaître. J'ai, longtemps, hésité, combattu, modifié mes idées. Cependant, il fallait prendre un parti, et, mon opinion fut contraire au maintien des brevets, *tels qu'ils existent aujourd'hui,* autant *dans l'intérêt de la société que dans l'intérêt de l'inventeur lui-même.*

Si l'on juge la question au point de vue métaphysique et théorique, sans tenir compte de l'expérience, la solution n'est pas douteuse. Il faut une rémunération au travail, au génie d'invention surtout ; et, de ce point, le brevet semble la récompense sinon la meilleure, du moins la plus praticable.

Dans l'intérêt des inventeurs, l'institution doit-elle être maintenue ?

Mais, si, du domaine de la théorie, on passe à celui des faits, de la réalité, l'intérêt des inventeurs exige-t-il le maintien de l'institution ?

Nous avons, depuis 1791, c'est-à-dire depuis 52 ans, l'expérience des brevets. Plus de 12,000 de ces titres ont été délivrés. Eh bien ! il ne serait pas difficile de faire la liste, d'un côté, des inventeurs ruinés par leurs découvertes, de l'autre, de ceux qu'elles ont enrichis. Quant à moi, j'ai vu, depuis 20 ans, beaucoup d'inventeurs ; j'en vois tous les jours. J'en ai rencontré fort peu qui aient fait fortune ; j'en ai vu beaucoup, et c'est, sans contestation, l'infiniment plus grand nombre, qui ne sont pas même rentrés dans leurs avances. Je ne dis pas qu'il ne s'en soit trouvé quelques-uns qui aient réussi, mais, on les compte, et ils sont rares.

Or, si l'on juge de l'utilité d'une institution, dans l'intérêt de ceux appelés à en profiter, par ses résultats pratiques, on conviendra que celle qui a pour effet d'appauvrir l'inventeur, est plus contraire qu'avantageuse à ses propres intérêts, et que ce n'est pas le petit nombre des heureux qui surnagent, qui doit prévaloir sur la quantité de ceux qui se noyent.

Eh bien ! telle est ma conviction, c'est qu'il y a incomparablement plus d'inventeurs engloutis que sauvés, plus d'inventeurs ruinés qu'enrichis, ou, même soutenus, par leurs découvertes. La raison en est simple, facile à saisir. Qu'est-ce qu'un inventeur ? Dans les préjugés existants, un homme qui, *seul*, avec ses propres forces, entre en lutte avec une foule de gens dont son innovation vient blesser ou inquiéter les intérêts. Aussi, aux époques mêmes fort avancées en civilisation, des économistes distingués ont-ils soutenu, avec conviction et chaleur, que l'intervention des machines était plus funeste que favorable à la société. Et combien d'inventeurs ont été victimes de leurs découvertes, lorsqu'elles s'appliquaient à des moyens puissants, qui venaient, violemment, paralyser un grand nombre de bras.

Quelle est, je le répète, la position d'un inventeur ? Il est regardé comme l'adversaire, comme l'ennemi des industries dont son invention vient froisser les intérêts, faire naître des inquiétudes, éveiller des craintes, exciter des susceptibilités de tout genre. Que résulte-t-il de là ? que ces industries ne se font pas scrupule de s'emparer de l'invention. Dans la localité, sous le coup, pour ainsi dire du bréveté, quelquefois timides, elles n'oseront pas, d'abord, s'exposer aux poursuites, aux procès, quoique, bientôt, l'espoir de l'impunité et les instincts de l'intérêt fassent disparaître les hésitations. Mais, que fera-t-on ? On ira s'établir plus loin. Si l'inventeur demeure à Bordeaux, on se transportera à Paris, à Lille, à Rouen, à Valenciennes, et les chances de contrefaçon seront d'autant plus multipliées, que l'invention sera plus utile : en sorte que la position du malheureux bréveté sera de soutenir, *seul*, le combat contre tous les industriels qui verront leurs intérêts compromis par sa découverte. Il sera obligé d'avoir une armée de surveillants, de s'engager dans une multitude de procès, de passer tous ses instants à la recherche de ses plagiaires, à la défense de son droit : et, comme, malheureusement, par le fait des lois de la procédure, des incidents, des chicanes, des lenteurs de l'instruction, les procès ont, toujours, une durée plus ou moins longue, il épuisera le temps de son brevet en contestations continuelles et toujours renaissantes. Heureux, encore, si le résultat n'est pas, pour lui, une nouvelle cause de ruine, par l'insolvabilité des coupables derrière lesquels se retranchent, d'ordinaire, les fauteurs qui profitent des bénéfices de la contrefaçon! Joignez, à tous ces mécomptes, les effets désastreux des variations de la jurisprudence sur un même point. Ainsi, Lemière, breveté pour des lorgnettes jumelles, voit quatre jugements successifs consacrer son droit. Un cinquième vient déclarer que sa lorgnette de spectacle ne constitue pas une invention : qu'elle n'est que la reproduction de l'oculaire du père Chérubin, instrument de trois pieds de longueur, et qui n'a, jamais, pu servir, la convergence étant impossible à raison de la dimension même des tubes. Eh bien! en présence de cette décision, Lemière rentre dans le droit commun. Il en est pour ses frais, ses sacrifices et ses regrets impuissants.

Telle est, pour moi, la triste vérité de l'expérience. Voilà pourquoi je suis porté à répondre, contrairement à mes désirs, aux vœux, au cri de la conscience : oui, dans l'intérêt des inventeurs eux-mêmes, l'institution des brevets ne doit **pas** être conservée, *si elle n'est rendue réellement efficace.*

Dans l'intérêt de la société, les brevets doivent-ils être conservés?

Maintenant, dans l'intérêt de la société, doit-il en être de même?

Au premier aperçu, non; il faut encourager les inventeurs; la justice, le bien général l'exigent. Si on ne leur donne pas la rémunération de leurs peines, l'industrie pourra rester stationnaire, faire moins de progrès. Les inventeurs seront portés à passer à l'étranger, là où ils rencontreront plus de faveur, plus d'avantage, dans la législation. Sous ce rapport, l'institution semble, donc, devoir être maintenue. Mais, à côté de ces considérations, il en est d'autres qui peuvent en solliciter la suppression.

D'abord, il ne faut pas se dissimuler que le privilège donné à l'inventeur a, nécessairement, pour résultat, de tenir, pendant un temps, l'industrie en repos, parce que le droit privilégié s'applique au fond, *à l'idée* plutôt qu'à la forme. Le principe de l'invention se trouve, donc, momentanément, stérilisé contre l'intérêt de l'industrie. En outre, quelle est la position de l'inventeur, au point de vue de la consommation? Il est obligé, lui, simple individu, de fournir, *à tous*, les produits de son invention; en sorte que si, par exemple, il demeure à Perpignan, il faut que l'habitant de Valenciennes, qui a besoin de ses produits, ait recours à lui. Et, si comme il arrive, le plus souvent, il manque de ressources, il faut que, par respect pour son droit, la société soit privée de toute jouissance ou réduite à consommer des produits imparfaits, défectueux, parce que leur auteur n'a pas les moyens pécuniaires pour les améliorer. Il les trouvera, ces moyens, dira-t-on, si son invention est réellement bonne. Rarement, croyez-moi : nous sommes routiniers par caractère ; nous nous défions même de l'excellent, lorsque l'excellent est nouveau et vient déranger nos habitudes. Alors, qu'arrive-t-il? La contrefaçon surgit d'autant plus fréquente et plus audacieuse, que l'invention est plus utile ; et la société y gagne toute la différence qui existe entre le privilège et la concurrence. D'autre part, l'inventeur, n'ayant qu'un droit temporaire, est intéressé à retirer, de son invention, le plus grand bénéfice possible dans le plus court espace de temps. Il ne s'occupe pas d'amener sa découverte au dernier dégré de perfection, parce qu'il est pressé, dominé par la question d'intérêt.

Il jette, dans la consommation, des objets incomplets,

inachevés, parce qu'il se repose sur son privilège, fort de
ce que son voisin n'a pas le droit de venir empiéter sur son
domaine par le perfectionnement de l'idée première. Ainsi,
par le fait du brevet, la société est, souvent, plus mal ser-
vie, l'industrie entravée dans ses progrès, dans ses améliorations. Donc, l'intérêt de la société peut exiger la suppression de l'institution. Mais, répétera-t-on, toujours, il
faut, pourtant, une récompense, un encouragement au travail, au génie d'invention. D'accord : cependant, si, d'un
côté, le brevet ne permet pas à l'inventeur, *généralement
parlant*, de retirer le fruit de ses peines ; si, *généralement*,
il est la cause de sa ruine, par l'impossibilité de protéger
son droit dans son exercice ; si, d'autre part, il arrête les
progrès de l'industrie, et jette, dans la consommation, des
produits imparfaits, susceptibles d'être perfectionnés par la
concurrence, il faut en conclure que l'institution devrait
ou être rendue réalisable dans ses effets, ce qui, pour moi
est fort difficile, pour ne pas dire impraticable, ou remplacée par une autre ; sinon, le brevet est un leurre, un
piège, un appât pour l'inventeur, c'est-à-dire ce qu'il est
aujourd'hui, ce qu'il sera, également, avec le projet. Or,
telle n'est pas, telle ne doit pas être l'intention d'un
gouvernement, représentant naturel et obligé des intérêts
de la société.

Maintenant, quelle mesure adopter ? La critique, j'en
conviens, est plus facile que l'édification, renverser est plus
facile que reconstruire. Toutefois, l'édification n'est pas
impossible. Voulons fortement ; cherchons, et nous pour-
rons arriver.

Dans tous les cas, si l'on conserve le brevet comme le
moyen qui présente le moins d'inconvénients dans la pratique, efforçons-nous, donc, de le rendre le moins impar-
fait, le plus complet possible.

J'ai dit, suivant moi, l'état réel des choses pour ce qui

concerne l'institution en elle-même. J'ignore si la Chambre des Députés se livrera à l'étude, non pas seulement de la nature du droit des inventeurs, mais du maintien des brevets. Quant à moi, examinant, ici, cette question, avec toute indépendance, toute loyauté, toute franchise, je déclare mon opinion franche, indépendante et loyale. Ce que je sais, je le livre à vos méditations; cela ne veut pas dire que je sois dans le vrai, je crois y être.

Maintenant, que doit-on faire? Je l'avoue, je confesse mon insuffisance; car, il s'agit d'une des questions les plus hautes de l'économie sociale, de la rémunération à donner aux droits de l'intelligence ; question aussi grave que difficile, qui touche essentiellement, aux droits intimes, sacrés de l'homme, à la modalité de sa personnalité même. Que d'expérience, de sagacité, de connaissances diverses pour fixer, solidement, la nature et les effets d'un droit si peu connu, si nouveau, si insaisissable, si abstrait? Lorsqu'on réfléchit à ce qu'il a fallu de temps, après les civilisations successives traversées depuis les anciens jusqu'à nos jours, pour consolider la *propriété matérielle*; lorsque, malgré les investigations de nos prédécesseurs, nous avons, encore, à réglementer l'organisation du travail et que nous voyons, chaque jour, ressusciter des idées qui semblaient, à jamais, ensevelies; lorsque s'agitent, encore, les questions de corporations, de salaire des ouvriers, qui touchent, si profondément à l'économie et à l'ordre général; lorsque l'autorité elle-même, consulte, incessamment, les corps savants, parce qu'elle éprouve un besoin instinctif de donner à l'émanation, à la manifestation de la personnalité, le dégré d'importance et la place qu'elles doivent avoir; enfin, lorsque, sur ces points, si vivaces, nous en sommes, encore, en quelque sorte, aux rudiments de la science, sur la nature même et les effets de la *propriété matérielle*, je le demande, quels embarras, quelles difficultés pour fixer le droit *sur les produits de l'intelligence*.

Et, il y a cela de particulier que ce besoin est général chez tous les peuples à la tête de la civilisation. Le droit des auteurs sur les œuvres de la pensée, tend, constamment, à conquérir sa place dans la législation. C'est un droit moderne, qui n'est pas fait, qui n'est pas connu, mais dont nous avons tous la conscience ; c'est un besoin de récompense pour le travail ; et, quand se sont produites les circonstances si graves, si malheureusement graves, où la devise de l'ouvrier était : *Vivre en travaillant ou mourir en combattant !* Que de réfléxions dut faire surgir, dans les esprits, cette devise tracée en lettres de sang !

Vous vous rappelez cette effervescence du principe révolutionnaire de Juillet, qui descendit jusque dans les nécessités, dans les besoins de la classe industrielle ; comment, alors, cette classe comparait sa position à celle des classes supérieures, qui fut toujours, pour elle, un point de mire et de jalousie. Vous voyez comment, encore aujourd'hui, ce besoin d'une juste rémunération du travail fermente dans la tête des peuples quels qu'ils soient ! Comment les gouvernements sentent, dans un intérêt de conservation, la nécessité d'appeler, à leur aide, le concours de ce qu'il y a d'hommes éminents dans la science, pour résoudre la grave question des corporations ; non pas qu'on veuille, jamais, les rétablir en France, comme elles existaient sous le régime réglementaire : mais, dans le besoin d'ordre et de stabilité, on sent qu'il faut, sinon donner un frein à l'industrie, au moins la renfermer dans une limite compatible avec l'état de liberté, d'indépendance et de franchises que nous avons si chèrement conquis.

Eh bien ! la loi qui nous occupe, en ce moment, touche, de très près, à cette question. Il s'agit de fixer les conditions du travail de l'invention, de fixer les bornes, les réglements, et surtout, la taxe qu'on lui imposera. Dans l'Europe entière, que dis-je, dans le monde civilisé, les droits sur les produits de l'intelligence sont à l'ordre du jour.

En Prusse, en Angleterre, aux États-Unis, en Allemagne, à différentes époques récentes, des lois ont été présentées sur cette intéressante matière. La Prusse a adopté, en 1837, un décret qui détermine les droits sur les œuvres de la pensée, au triple point de vue de la littérature, des sciences et des beaux-arts.

En Angleterre, plusieurs bills ont été, dernièrement, présentés pour la modification du droit de copie (*Copyright*).

En Allemagne, on cherche à étendre les effets de la loi sur les privilèges des inventeurs à tous les Etats de la Confédération Germanique.

En France, on a rejeté, il y a deux ans, la loi sur la propriété littéraire et artistique. Quand sera-t-elle reproduite ? Dieu le sait. Nous voyons, en ce moment, la loi sur les brevets d'invention. Que conclure de tout cela ? Qu'il y a nécessité, pour les peuples, de rendre, aux auteurs de produits intellectuels, la justice qu'ils attendent depuis longtemps, la satisfaction qui leur est si légitimement acquise.

Mais, maintenant, dans la formule, la solution du problème est aussi grave que difficile. L'expérience d'un seul homme ne saurait y suffire. Voilà pourquoi j'ai fait un appel à ceux de mes concitoyens le plus intéressés à la méditer. Tout en critiquant l'institution des brevets, plutôt en fait qu'en théorie, il m'est impossible de dire par quoi elle peut être remplacée ; car, comme tout le monde, je sens, j'ai la conviction, la conscience, qu'il faut une rétribution à l'inventeur. Comme, je l'ai dit ailleurs, ayons, donc, foi dans l'autorité. Mais, occupons-nous, un peu plus de nos affaires : ainsi, chacun aidant, les choses n'en iront, certes, pas plus mal, et les améliorations qu'un seul ne pourrait imaginer, plusieurs les découvriront, plusieurs parviendront à les réaliser avec plus de bonheur.

Durée et taux des brevets.

Je terminerai par la question de la taxe des brevets, et de leur durée divisée en périodes de 5, 10 et 15 ans.

Durée et taxe uniques en Angleterre et aux États Unis.

En Angleterre et aux États-Unis, la durée de toutes les patentes d'invention est égale, elle est de 14 ans.

Division en trois périodes et taxe proportionnelle en France.

En France, cette durée est divisée en trois périodes : 5, 10 et 15 ans. La loi de 1791 a adopté cette division ; le projet actuel l'a conservée.

Doit-il en être ainsi ? Et d'abord, quels motifs ont déterminé cette classification ? On a pensé que les inventions pouvaient être plus ou moins importantes, suivant leur nature ; que, pour certaines, que j'appellerai *éphémères*, cinq années suffiraient pour en tirer parti ; que, d'autres, plus considérables, exigeraient une durée plus longue, celle de 10 années ; qu'enfin, 15 ans devaient être le maximum du temps nécessaire pour recueillir le fruit d'une découverte, quelle qu'elle soit, sauf, dans des cas exceptionnels, une prolongation dont la loi posa le principe.

En Angleterre et aux États-Unis, cependant, on a cru devoir adopter une durée *unique*, un paiement *unique*, quels que fussent le degré, l'importance de l'invention. Doit-on adopter les systèmes anglais et américain, ou maintenir la division ? Cette question se rattache, essentiellement, à celle de la taxe ; car, si l'on n'admettait qu'une seule taxe, il n'existerait qu'une seule durée ; si l'on payait aussi cher pour 5 ans que pour 15, chaque inventeur, évidemment, prendrait un brevet de 15 ans.

Quels motifs ont, donc, déterminé l'établissement de la taxe ?

Voici ce qu'on lit dans le rapport de M. de Boufflers à l'Assemblée nationale :

« Comme les avantages que l'inventeur promet à la so-Motifs de la taxe en France.
« ciété et qu'il se promet à lui-même, sont encore éloignés
« et douteux, et que la protection qu'il en réclame, et que
« la sécurité qu'elle lui doit, sont un bien actuel et réel, il
« convient qu'il dépose des arrhes entre les mains du corps
« social, avec lequel il vient de transiger ; et, le contrac-
« tant, lui-même, fera, volontiers, cette proposition, 1° pour
« convaincre qu'il est dans l'intention de tenir son marché ;
« 2° pour dédommager la partie publique des services qu'il
« en recevra ; 3° pour donner un gage de l'utilité qu'il at-
« tache à sa découverte, en offrant, d'avance, à la patrie,
« des prémices réelles pour des fruits encore en espérance. »

Lorsqu'on réduit ces motifs à leur véritable valeur, qu'en
résulte-t-il ? Que, *comme*, dit le rapport, *les avantages que l'in-*
venteur promet à la société et se promet à lui même sont éloignés
et douteux, et que la protection qu'il en reçoit et la sécurité qu'elle
lui doit sont un bien actuel et réel, il convient qu'il dépose des
arrhes, c'est-à-dire qu'il paie une taxe ; en d'autres termes,
comme l'inventeur ne sait pas s'il retirera des fruits de son
invention, et que, cependant, il reçoit un privilège, et sécurité de la part du corps social, il faut qu'il acquitte un impôt
en échange de ce privilège, de cette sécurité : ou bien, encore, pour pousser le raisonnement dans sa dernière limite :
tout citoyen, pour jouir de sa propriété, doit payer tribut
à l'autorité qui lui donne sécurité, et *à raison de cette sécurité*
même. Mais, maintenant, je le demande, le tribut que l'on
acquitte par des impôts, est-il assimilable à celui que paie
l'inventeur ? Et, si l'inventeur est obligé de payer tribut
parce qu'il reçoit *sécurité* de la part de l'autorité, pourquoi
le fabricant de bronzes, le littérateur, le peintre, le graveur,
le sculpteur, le dessinateur de fabriques qui reçoivent, aussi,
sécurité, ne paient-ils pas également ? Pourquoi ces excep-
tions, ces faveurs pour les uns ? Pourquoi cette exception contraire, au préjudice du breveté ? Les motifs allégués, sur les-

quels repose la taxe imposée à l'inventeur, sont-ils justes ? Non, suivant moi ; car, alors, il faudrait que toutes les industries fussent soumises à un impôt *proportionné* A LA SÉCU-RITÉ *donnée par le corps social.*

Les brévetés doivent payer une taxe, pourquoi ?

Cependant, l'inventeur paie une taxe, et une taxe très forte, proportionnée à la durée de sa jouissance : 500 francs pour 5 ans, 1,000 francs pour 10, 1,500 francs pour 15 ans. Mais, si les motifs sont mauvais, la mesure est-elle bonne, une taxe doit-elle être payée? Oui : non pas, comme le dit l'Assemblée nationale, *à cause de la sécurité* donnée à l'inventeur, mais, parce qu'il a, sur son invention, un véritable monopole conféré *à l'exclusion de ceux qui pouvaient avoir eu ou avoir la même idée , fait la même invention,* ainsi que nous l'avons développé plus haut, et que l'expérience de chaque jour le confirme.

Pourquoi la taxe est-elle proportionnelle ?

Maintenant, pourquoi la taxe est-elle proportionnelle ? Parce que, dira-t-on, il est juste que, du moment où la sécurité du privilège dure plus longtemps, le bréveté paie une somme plus forte. Ainsi, on a pris pour base , *la durée ;* mais, cette base est-elle exacte, est-elle juste? Je ne le pense pas. En effet, qu'impose-t-on ? Ce n'est pas l'importance de l'invention, ce sont les moyens pécuniaires de l'inventeur; en sorte qu'un industriel aura fait une invention considérable, une machine à vapeur pour faire marcher une usine, s'il n'a pas de quoi payer pour 15 ans, il n'aura qu'un brevet de 5 ou de 10 ans ; tandis qu'un homme qui aura inventé des allumettes nouvelles, un chocolat, une pâte alimentaire, jujube ou autre, s'il a 1,500 francs, aura droit à un brevet de 15 années. Il y a, donc, à mon avis, dans le paiement de la taxe , quelque chose d'irrationnel et d'injuste.

En Belgique, on a pris un autre point de départ. La taxe est en raison de l'importance de la découverte. C'est une appréciation discrétionnaire, arbitraire, d'autant plus difficile, que, souvent, l'invention est seulement conçue et n'est pas encore née. Cette base est, donc, également vicieuse.

Cependant, il y a moyen de concilier la mesure du paiement d'une taxe avec l'intérêt de l'inventeur, qui exige un délai plus ou moins long ; et le moyen est indiqué par la législation autrichienne : c'est de faire payer *par annuités*. Ainsi, voilà l'économie du projet adopté par la Chambre des Pairs. On commence par payer la somme de 200 francs et l'on a un brevet provisoire de deux ans ; avant l'expiration de ces deux années, on est obligé de fixer la durée définitive de la jouissance du brevet ; si l'on opte pour 10 ans, on paie 800 fr. qui avec les 200 fr. déjà versés, font 1,000 fr.; si, pour 15 ans, on paie 1,300 fr., total 1,500 fr. Ces brevets provisoires sont une innovation favorable, mais susceptible de l'être davantage, comme on le verra plus tard.

En général, les inventeurs ne sont pas fortunés ; et il n'est pas rare de les voir, par l'effet d'un sentiment de paternité, bien naturel et bien excusable, faire les derniers efforts, se saigner, en quelque sorte, pour prendre le brevet, objet de leurs vœux et de leurs espérances. Mais, dira-t-on, ils n'auront à payer que 200 fr. Qu'est-ce que 200 fr.? Rien, pour l'homme, qui a son existence assurée : beaucoup, pour celui qui vit de son travail de chaque jour. Toutefois, je le veux bien, l'inventeur, l'ouvrier, viendra à bout de se procurer cette somme, quelle que soit sa position. Par son économie, sa persévérance, ses sacrifices, au prix même des premiers besoins de sa famille, il parviendra aux 200 fr. Mais, qu'arrivera-t-il ? Après les deux ans, il sera obligé de fixer la durée de son brevet définitif ; à ce moment, il lui faudra verser le complément de la taxe, 800 fr. pour dix ans, 1,300 francs pour quinze. Les aura-t-il ? Non, le plus souvent ; alors, il sera réduit à prendre un brevet de cinq ans, en payant encore les 300 fr. complémentaires. Et, de quelle utilité lui seront ces trois années pour l'exploitation de son importante invention ? Or, la loi est faite plutôt en vue des grandes et réelles découvertes, que des futilités, quoiqu'elle couvre, de sa protection, la chaumière, le coin de terre ingrate et stérile, aussi bien que le palais ou le champ le plus fertile.

Mais, dit le rapport, l'inventeur aura deux ans d'essai ; il pourra, avec son titre et ses droits assurés, aller trouver des capitalistes, auxquels il fera agréer sa découverte ; et les capitalistes lui viendront en aide. Lui viendront en aide ! Oui ; en lui faisant, souvent, la loi ; en spéculant sur sa position ; en prenant tout ou la plus forte part pour eux, et lui laissant ce que la pudeur ne permettra pas de lui ravir. Car, c'est ainsi, pour quiconque a quelque expérience, que, d'ordinaire, en pareil cas, les choses se passent.

Ces deux années d'essai ne sont, donc, qu'une impuissante facilité : un temps de leurre et d'illusions. L'inventeur, dans son espoir de fortune, verra l'éternité dans ce temps. Mais, les jours passent vîte : le terme arrivera promptement ; et, avec l'expiration du terme, la nécessité fatale de la décision, du parti à prendre.

Et d'ailleurs, qu'est-ce que deux ans pour l'essai d'une invention de quelque importance ; lorsqu'il faut lutter contre la routine, les obstacles, les mauvaises passions, et les intérêts de tout genre ? C'est, tout au plus, le temps nécessaire pour la compléter, pour vaincre les difficultés qui surgissent du passage de la théorie à la réalisation.

Joignez à cela que l'argent est défiant. En France, on se gare d'un inventeur ; on le regarde comme un homme qui cherche à vous tromper, à vous circonvenir, souvent comme un intrigant (et quelquefois on n'a pas tort), quoique, souvent, aussi, il ne soit qu'un père trop complaisant, trop aveuglé sur les qualités qu'il suppose à son œuvre, à son enfant.

La mesure nouvelle (les brevets provisoires), bonne en soi, je le répète, pour produire tous les fruits qu'on s'en est justement promis, a donc besoin d'être complétée, dans la pratique, par des moyens d'exécution plus appropriés à la condition habituelle des inventeurs.

Or, le meilleur moyen me semble être le paiement par *annuités*, comme en Autriche. Non-seulement, dans ce pays, on paie par *annuités*, mais l'annuité est progressive. On paie un peu plus chaque année, que l'année précédente. La taxe d'un brevet de quinze ans s'élève à 1,000 fr. environ. La loi Autrichienne a pensé, avec raison, que, plus l'inventeur va en avant, plus il peut faire de bénéfices, plus il peut se procurer les ressources pour payer la taxe. En France, on a pris, dans le projet, pour base des taux de taxe, 100 francs par an ; 500 francs pour un brevet de cinq, 1,000 francs pour un brevet de dix, et 1,500 francs pour un brevet de quinze ans. Que faudrait-il faire ? Donner des brevets provisoires ; au bout de deux ans, lorsque l'inventeur pourrait se rendre un compte plus éclairé des résultats probables de son invention, lui imposer, comme le fait le projet, l'obligation de déterminer la durée définitive de son titre, et de payer *annuellement* la somme de 100 fr., pour laquelle il souscrirait autant d'obligations : s'il n'acquittait pas son annuité, à l'échéance, il devrait être déchu de son droit, parce qu'il aurait manqué à ses engagements, à la condition de son contrat. Il subirait la conséquence de son fait même. Ainsi, la loi ne serait pas trop dure. Avant de punir, elle aurait été paternelle par les facilités accordées.

De cette manière, on pourrait avoir une durée *unique* pour les brevets, 15 ans, ou, au moins, 10 et 15 ans, au

choix de l'inventeur; les brevets de 5 ans seraient supprimés comme à peu près inutiles.

Peut-être, dira-t-on dans l'intérêt du projet, il pourrait
résulter, de là, des inconvénients de plusieurs espèces ; des
complications d'écritures pour l'administration ; des incertitudes, dans l'esprit des tiers, sur la durée du brevet. Ces
raisons me paraîtraient plus spécieuses que solides. D'abord,
quant aux motifs administratifs, je répondrais qu'on ferait,
en France, ce qu'on fait en Autriche; l'inconvénient, s'il
était réel, se produirait dans ce pays; et, cependant, on
n'en conserve pas moins la mesure; les inventeurs, s'en fé-
licitent; à leurs yeux, le mode de libération est excellent
et leur procure toute aisance pour trouver les moyens de
s'acquitter. L'administration, en France, ferait, au surplus,
ce qu'elle fait dans d'autres parties. Est-ce qu'il n'y a pas,
en matière d'impôts, des comptes ouverts à chaque citoyen,
depuis le dernier jusqu'au plus élevé dans l'échelle sociale?
Est-ce que nous ne payons pas nos contributions non–seulement par annuités, mais, ce qui pis, ou plutôt, ce qui
mieux est, *par douzièmes?* Est–ce que ce mode de paiement,
et tant d'autres, dans divers services publics, ne sont pas
mille fois plus compliqués, dans leur multiplication, que
ne le serait le simple paiement de la taxe des brevets, d'ailleurs comparativement peu nombreux. L'administration en
serait quitte pour organiser sa comptabilité en conséquence.
Cette considération ne me toucherait, donc, nullement.

Par ce mode, on arriverait, incontestablement, à satisfaire les intérêts de l'inventeur; le fisc, lui-même, y ga-
gnerait par l'augmentation du nombre des brevets et l'ac-
quit intégral des taxes d'un paiement facile.

Quant à l'incertitude sur la durée du brevet, il n'en existerait pas, puisqu'au bout de deux ans, l'inventeur serait
obligé de déterminer cette durée; à dater de cette époque,

s'il ne payait pas ses annuités, il serait très aisé, par les renseignements pris au ministère, de savoir s'il est déchu.

La loi actuelle veut qu'on acquitte la première moitié de la taxe en faisant la demande, et accorde six mois pour le surplus. L'administration n'a jamais exigé qu'on satisfît rigoureusement dans ce délai. Mais, lorsque, dans une loi nouvelle, on donne, à l'inventeur, plus de facilités, on peut lui imposer des conditions plus strictes ; c'est à lui à veiller à ses intérêts. Dans ce système, les tiers ne seraient, donc, pas dans l'incertitude, puisqu'ils pourraient, à tout moment, avoir des renseignements auprès de l'administration. La déchéance devant avoir lieu par elle-même, *de plano*, par cela seul que le paiement n'aurait pas été fait, on irait demander au ministère : a-t-on payé? si la réponse était négative, on en concluerait qu'il y a déchéance. Toutefois, dans l'intérêt même du breveté, qui peut être absent, malade, négligent, oublieux, la loi lui laisserait le droit d'anticiper sur ses paiements annuels, comme il le jugerait convenable, sans fraction, cependant, du montant de l'annuité.

Le mode de paiement proposé concilierait le triple intérêt des inventeurs, du fisc, et de la société.

Des inventeurs ; par la grande facilité de libération.

Du fisc ; parce que, en général, la totalité de la taxe, quelque soit la durée du brevet, serait acquittée, 100 francs étant un sacrifice que pourrait faire l'inventeur peu fortuné, le simple ouvrier, après un an d'économie.

Enfin, *de la société ;* parce qu'elle aurait des produits plus parfaits, l'inventeur n'étant pas alors, comme actuellement, comme avec le projet lui-même, dans l'obligation de sacrifier, la plupart du temps, le perfectionnement de son invention à la question d'existence personnelle et de famille, surtout avec les brevets de 5 ans rendus nécessaires par l'élévation de la taxe à solder en une somme trop forte à la fois, 300 fr., 800 fr. ou 1,500 francs,

Voilà à quoi se bornent les explications que j'avais à donner aujourd'hui.

J'ai parcouru, successivement, contrairement à mes espérances, la plupart des questions contenues dans le programme, et que j'aurai, peut-être, à compléter à la prochaine réunion.

DEUXIÈME SÉANCE.

RAPPEL ET COMPLÉMENT TANT DE LA THÉORIE DU DROIT DES INVENTEURS QUE DU MAINTIEN OU DE LA SUPPRESSION DES BREVETS (*). — DE L'INSTITUTION NOUVELLE DES BREVETS PROVISOIRES.

SOMMAIRE.

Rappel et complément de la théorie du droit des Inventeurs.

Rappel de l'intention, du but de la convocation, et de ce qui a été fait dans la première séance.

Nature du droit des inventeurs.

Résumé succinct du principe constitutif, des caractères et des effets essentiels de la *propriété* en général.

Les principes de la propriété matérielle peuvent ils s'appliquer aux productions de la pensée? La législation a dit : *oui*, en théorie, *non*, dans l'application.

Législation sur les brevets, 7 janvier 1791.

Législation sur les spectacles et les œuvres dramatiques, 19 janvier 1791.

Législation sur les droits des auteurs d'écrits en tous genres, les compositeurs de musique, les peintres et les artistes dessinateurs, 19 juillet 1793.

Législation sur les dessins de fabriques, 18 mars 1806.

Dans la réalité, les productions de la pensée ne peuvent être, ni en droit, ni en fait, assimilées aux objets matériels.

Pourquoi, en fait de littérature.

Comment les inventions industrielles diffèrent des productions littéraires, et doivent être plus restreintes dans leur exercice.

L'institution des brevets doit-elle être maintenue ?

Dans l'intérêt des inventeurs.

Dans l'intérêt de la société.

Durée et taxe des brevets.

Addition à ce qui a été dit au sujet du droit des inventeurs.

Ce droit est-il personnel? Peut-il être saisi par les créanciers, faire partie de l'actif de la faillite du bréveté?

(*) Les séances n'étant pas et ne pouvant pas encore être bien régulièrement organisées à la première réunion, on a cru devoir analyser avec soin les points examinés dans cette réunion, en y ajoutant quelques idées nouvelles et complémentaires. Cette analyse peut, d'ailleurs, avoir l'avantage de résumer plus énergiquement, et, par suite, de faire plus facilement saisir l'ensemble des questions théoriques précédemment développées.

Qu'entend-t-on par *droit personnel* ?

Plusieurs fois s'est présentée la question de la *personnalité* du droit des
  brévetés. Exemple.

La personnalité, et, par suite, l'insaisissabilité ont été admises par le Comité consultatif des arts et manufactures.

La personnalité et l'insaisissabilité admises par la Chambre des Députés
  dans le projet de loi *dit* de la propriété littéraire.

Le droit de l'inventeur, une fois l'invention publiée, n'est pas personnel
  par sa nature. Il ne peut être, sous ce rapport, assimilé au droit du
  littérateur. Pourquoi.

La disposition de la loi pourrait déclarer le droit du bréveté insaisissable,
  mais elle ne doit pas le faire. Pourquoi.

Le droit du bréveté, son brevet. doivent pouvoir être saisis.

La loi devrait donner formellement aux créanciers le droit de former
  opposition à la cession totale ou partielle du brevet. Pourquoi.

Quel est le principe du contrat synallagmatique, du brevet, le principe
  qui doit *être* écrit dans la loi.

Innovation capitale. — Brevet provisoire.

Motifs et but de cette innovation.

Critique de la disposition qui interdit à tout autre qu'à l'inventeur originaire de prendre des certificats d'addition pour les perfectionnements
  ou changements faits à l'invention première pendant la durée du brevet
  provisoire.

Conséquences de cette interdiction — motifs de la rejeter tout en conservant le brevet provisoire, quant à ses autres effets, surtout si l'on paie
  la taxe par *annuités*.

Messieurs,

Rappel de l'in-
tention, du but de
la convocation, et
de ce qui a été
fait dans la pre-
mière séance.

Pour les personnes qui n'ont pas assisté à la réunion de
vendredi, je crois devoir rappeler l'intention qui l'a provo-
quée et ce qui s'y est passé. Je le ferai, toutefois, succinctement ; car, quelques questions, la première surtout, aussi
importante par sa nature que par ses conséquences, ont
demandé des développements fort étendus ; et l'on conçoit
qu'à moins de recommencer, il convient de se restreindre,
de ne dire que ce qui est indispensable pour mettre au cou-
rant des idées principales.

Quant à l'intention qui m'a dirigé, elle est pure, désin-
téressée, honorable, je ne crains pas de le déclarer moi-

même. C'est l'espoir de satisfaire un devoir de conscience, de propager mes convictions sur une matière qui a fait l'objet particulier de mes études, matière non moins sérieuse que difficile à réglementer utilement, aussi peu connue en général que digne de l'être dans le double intérêt des inventeurs en particulier et de la société toute entière.

Quant aux questions examinées, les lettres de convocation les rappellent. La première traitait du droit des auteurs dans sa nature, des rapports de ressemblance et de différence qui existent entre ce droit et celui des auteurs d'ouvrages littéraires, artistiques et scientifiques. *[Nature du droit des inventeurs.]*

Cette question était fort grave par elle-même, puisqu'elle forme la base fondamentale de la loi nouvelle, base d'autant plus difficile à poser, qu'il s'agit d'une nature de droit tout à fait spécial, qui, comme je le disais, n'a pas encore acquis sa véritable place dans notre législation. Et, cependant, ni le rapport à l'appui du projet, ni le projet lui-même, ni la discussion de la Chambre des Pairs, n'ont élaboré, fixé le principe essentiel, l'assise de la loi. Ce droit constitue-t-il une propriété ? ou bien est-il un privilège, un monopole, un droit d'une nature particulière, *sui generis* ?

J'ai commencé par fixer la valeur des mots. A défaut, et dans l'impossibilité de donner une définition abstraite et claire *de la propriété*, j'en ai examiné l'origine, la nature, la cause, la matière, les caractères, et les effets distinctifs dans leur application aux objets *matériels*, du point de vue de la société. *[Résumé succinct du principe constitutif, des caractères et des effets essentiels de la propriété en général]*

L'origine de la propriété : sa source est dans l'organisation même de l'homme, dans les instincts de sa nature, dans l'activité et le développement de ses facultés, dans la satisfaction de ses besoins d'existence et de conservation, dans l'amour et l'esprit de famille.

La *nature de la propriété*, est le résultat de la personnalité de l'homme se produisant par ses actes, dans la vue d'accomplir sa destinée, cette loi de Dieu qui, en le créant roi de la terre et mettant le monde matériel à sa disposition, semble lui avoir dit : tu mangeras ton pain à la sueur de ton front.

La *cause de la propriété* : elle est dans la rémunération du corps social, pour l'intérêt autant de l'agglomération, de la société, que de l'espèce, de l'individu lui-même.

La *matière de la propriété* : c'est la nature physique exploitée par l'homme.

Les *caractères principaux de la propriété* consistent :

Dans la concentration des produits du travail entre les mains des travailleurs comme résultat forcé de cette autre loi de la conscience, qui veut que celui qui a semé récolte, que le fruit soit la récompense de la peine ;

Et, par voie de conséquence, dans la libre disposition de cette récolte, de ces fruits.

Les *effets distinctifs de la propriété* se manifestent dans la libre disposition et la perpétuité : *Libre disposition et perpétuité* dont la cause est dans l'activité même de l'homme, dans le développement de son énergie, de ses instincts, de ses sentimens intimes, dans le besoin de stabilité, de sécurité, d'ordre, dans le bien-être et le progrès de la société et de chacun de ses membres.

Enfin, comme dominant tous ces grands principes conservateurs, comme servant de règle à l'étendue et à la limite de leur exercice, *l'intérêt général* absorbant, souvent, l'intérêt individuel, mais prenant, toujours, son point d'appui sur la conciliation de l'équité naturelle et de la justice sociale ou positive.

Passant, ensuite, du domaine de la théorie à celui du fait, j'ai recherché si ces principes de la propriété matérielle pouvaient s'appliquer aux produits de la pensée ; si ces produits pouvaient être assimilés à une propriété ordinaire. Toute cette partie de notre législation avait, dans l'expression, répondu *oui*, et, dans le fond, protesté contre la solennité de son langage, en réduisant la propriété prétendue *à un simple droit de jouissance*, plus ou moins long, en la dépouillant de son caractère et de ses effets essentiels, *la libre et entière disposition et la perpétuité.*

C'est ainsi, qu'ayant à arrêter la base de la loi du 7 janvier 1791 sur les brevets d'invention, l'Assemblée constituante avait déclaré que « s'il existe, pour un homme, une véritable « propriété, c'est sa pensée; que celle-là, du moins, paraît « hors d'atteinte, qu'elle est personnelle, indépendante, « antérieure à toutes les transactions, et que l'arbre qui « naît dans un champ, n'appartient pas, aussi incontesta- « blement au maître de ce champ, que l'idée qui vient dans « l'esprit d'un homme n'appartient à son auteur. (Discours « de M. de Boufflers, rapporteur.) »

De là, le pompeux préambule et l'art 1er de la loi. Consi- « dérant que toute *idée nouvelle*, dont la manifestation « ou le développement peut devenir utile à la société, « *appartient primitivement à celui qui l'a conçue, et que ce serait* « *attaquer les droits de l'homme dans leur essence que de ne pas* « *regarder une découverte industrielle comme la propriété de son* « *auteur* »; et art. 1er *Toute découverte ou nouvelle invention* « dans tous les genres d'industrie, *est la propriété de son auteur;* « en conséquence, la loi lui en garantit la pleine et entière » *jouissance,* suivant le mode et pour le temps qui seront « ci-après déterminés. »

Mais, se mettant, à l'instant, en contradiction avec elle-même, la loi restreint cette propriété à 5, 10, ou 15 ans (art. 8), à la charge de la payer, d'en jouir dans les deux ans, de ne pouvoir la faire privilégier à l'étranger, le tout sous peine de déchéance (art. 16). Que devient, donc, en présence de ces restrictions décevantes, le principe posé avec tant d'emphase? Qu'est-ce qu'une propriété qu'on ne possède que pendant 5, 10 ou 15 ans, dont on vous fait une obligation de tirer ou de ne pas tirer parti, à peine de la perdre? Et, la perpétuité, et la transmissibilité, et ce droit de jouir et *disposer de la manière la plus absolue,* caractères ineffables de la propriété, qu'en fait-on dans la réalité? Une simple possession, qui n'est pas même viagère pour l'inventeur. Il n'est, donc, pas vrai de dire que la pensée est une véritable *propriété, antérieure à toutes les transactions;* que l'arbre qui naît dans un champ n'appartient pas aussi incontestablement au maître de ce champ, que l'idée qui vient dans l'esprit d'un homme n'appartient à son auteur. Le principe est, donc, faux, mensonger, contradictoire dans ses applications.

Législation sur les spectacles et les œuvres dramatiques.

19 janvier 1791.

Vint, en même temps, la loi sur les spectacles, sur les œuvres dramatiques (19 janvier 1791.) « *La plus sacrée, la* « *la plus légitime, la plus inattaquable, et, si l'on peut parler* « *ainsi, la plus personnelle de toutes les propriétés, est l'ouvrage,* « *fruit de la pensée d'un écrivain,* etc. » (Discours du rapporteur Chapelier à l'Assemblée nationale.)

Ce langage est le même que celui de **M. de Boufflers** : la conclusion, sauf la durée du droit, est également identique. *Cette propriété si sacrée, si légitime, si inattaquable, si personnelle,* est, aussitôt, dans le fait, convertie en *un droit de jouissance,* viager pour l'auteur, quinquennal pour les héritiers.

Législation sur les droits des auteurs d'écrits en tous genres, les compositeurs de musique, les peintres et les artistes dessinateurs.

19 juillet 1793.

Les auteurs d'écrits en tous genres, les compositeurs de musique, les peintres, les dessinateurs réclamèrent, à leur tour, par l'organe de Laharpe. A son tour Lakanal, fit retentir les mêmes paroles dans l'Assemblée nationale.

« De toutes les propriétés, s'écria-t-il, celle dont l'ac-
« croissement ne peut ni blesser l'égalité républicaine, ni
« donner d'ombrage à la liberté, c'est, sans contredit,
« celle des productions du génie; et, si quelque chose doit
« étonner, c'est qu'il ait fallu reconnaître cette propriété,
« assurer son libre exercice par une loi positive ; c'est
« qu'une si grande révolution que la nôtre ait été nécessaire
« pour nous ramener, sur ce point, comme sur tant d'autres,
« aux simples éléments de la justice la plus commune. L'im-
« pression peut d'autant moins faire, des productions d'un
« écrivain, une propriété publique, dans le sens où les
« corsaires littéraires l'entendent, que l'exercice utile de
« *la propriété* de l'auteur, ne pouvant se faire que par ce

« moyen , il s'en suivrait qu'il ne pourrait en user sans la
« perdre à l'instant même. »

Et, encore, et, toujours inconséquente avec son principe,
la loi du 19 juillet 1793 absorbe le droit sacré de la propriété
dans une jouissance viagère pour l'auteur, décennale pour
les héritiers, étendue à la vie de la veuve, et à 20 ans pour
les enfants , par l'art. 39 du décret du 5 février 1810.

Enfin , en 1804, la ville de Lyon réclama les anciens
privilèges de la propriété de ses dessins sur soieries, consa-
crés par les règlements de 1737 et 1744 , étendus, à toutes
les manufactures françaises, par l'arrêt du conseil du 14
juillet 1787 et compris dans l'holocauste de la nuit du 4 au
5 août 1789. Un décret du 18 mars 1806, généralisé, dans
son application à tous les dessins de fabrique par l'ordon-
nance royale du 17 août 1825 , dépassant toutes les bornes,
vint établir , art. 18 et 19 *qu'en déposant l'échantillon de
de son dessin, le fabricant déclarera s'il entend s'en réserver la
propriété exclusive pendant une , trois ou cinq années , en
payant un franc par chaque année , ou à perpétuité en payant
dix francs.*

La propriété perpétuelle, entendez-vous, pour un simple
dessin de fabrique ; lorsque pour une invention industrielle,
la loi de 1791 n'accorde qu'une jouissance de 15 ans au
plus ; *la perpétuité moyennant* 10 *francs*, lorsque, pour, 5
ans seulement, l'inventeur paie aujourd'hui 362 fr. pour
10 ans 862 fr. , pour 15 ans 1562 fr. , et que, par le projet,
il devra payer, 500 fr. , 1000 fr. ou 1500 fr.

Nous avions, donc, bien raison d'insister sur la détermi-
nation des principes, et d'attribuer, à leur absence, les
anomalies, les inconséquences de la législation qui régit les
produits de l'intelligence. Dans la réalité, ces produits ne
peuvent être assimilés aux objets matériels ordinaires.

En littérature, par le fait de la publication de l'œuvre, le
public, comme l'a dit Chapelier, est associé en quelque

Législation sur les dessins de fabrique.

18 mars 1806.

Dans la réalité, les productions de la pensée ne peuvent être, ni en fait, ni en droit, assimilées aux objets matériels.

Pourquoi, en fait de littérature.

sorte, à la propriété de l'écrivain, en ce sens qu'il a un droit de jouissance voluptuaire sur l'ouvrage ; il a le droit de s'emparer de ses beautés, de se les approprier par l'intelligence, de reproduire les pensées et les sentiments qu'il s'est identifiés, pourvu que, dans l'expression, il les marque du cachet de sa personnalité : telle est même, le but, la gloire et l'intérêt de l'auteur. Seulement, comme il est juste que celui-ci retire un fruit de son travail, il faut que la jouissance utile de l'œuvre lui appartienne pendant sa vie, et à ses héritiers pendant quelques années après sa mort. Son intérêt, comme l'intérêt de l'équité et du corps social, l'exigent. Autrement, l'auteur ne produirait pas, ou se livrerait à des productions éphémères ; et la société elle-même y perdrait. Cependant, ce droit ne doit pas être absolu et perpétuel, comme en fait de propriété matérielle ; car, alors, par l'effet de sentiments plus ou moins honorables, quelquefois d'un intérêt sordide, d'une modestie poussée à l'excès, d'une indifférence funeste, d'une abnégation excessive, d'un retour subit d'idées, d'un caprice, d'une originalité, de tant d'autres considérations, enfin, impossibles à prévoir, des auteurs ou leurs héritiers pourraient anéantir les ouvrages au préjudice de la société. Parlera-t-on d'expropriation pour cause d'utilité publique, comme en fait d'immeubles ? Ce serait passer d'un extrême à l'autre, se lancer dans la carrière de l'arbitraire et des impossibilités pratiques, des injustices et des abus. Les droits des littérateurs doivent, donc, par suite de cet intérêt général, qui domine et doit dominer les intérêts individuels, être limités dans une équitable et juste proportion. Les sentiments de l'homme doivent être respectés chez l'écrivain, sinon plus, au moins autant que chez tout autre citoyen ; seulement ce respect, par la nature même des choses, doit être autrement réglé dans son exercice.

Comment les inventions industriel- Quant aux inventions industrielles, des restrictions moins étendues doivent être imposées à leurs auteurs à raison de cette même nature des choses. En effet, s'il est physiquement impossible que deux littérateurs, non-seulement composent le même ouvrage, mais même écrivent deux phrases identiques dans l'expression, il n'en est pas ainsi en fait de découvertes. L'expérience, souvent réitérée, démontre le contraire. Une invention semblable est, très souvent, faite, dans un temps donné, suivant les circonstances et les influences du milieu dans lequel ils se trouvent, par plusieurs industriels qui ne se connaissent point. Le droit est, donc, dans ce cas, un véritable *monopole;* d'autant plus qu'il porte sur *l'idée,* le principe de l'invention, le *fond,* plutôt que sur la forme, les moyens d'exécution, *l'accessoire.* Dès lors, quel danger d'accorder une trop longue jouissance ! ce serait arrêter le progrès des idées, l'essor, le développement de l'industrie ; ce serait aller en sens contraire de l'esprit et du but de la loi.

[les différent des productions littéraires et doivent être plus restreintes dans leur exercice.]

La nature du droit une fois déterminée, on rechercha les moyens les plus exécutables pour concilier l'intérêt privé avec l'intérêt général.

Après avoir examiné, successivement, les systèmes de récompenses nationales, d'acquisition des inventions par l'Etat, de primes à payer aux inventeurs par ceux qui voudraient faire usage de leurs découvertes, de privilèges perpétuels ou temporaires, et rejeté les trois premiers comme impraticables par l'impossibilité de prendre une base pour la fixation du prix de rémunération, d'acquisition ou de primes, le quatrième à cause des dangers de la perpétuité, l'Assemblée nationale adopta d'autant plus volontiers le dernier, le *privilège temporaire,* qu'il existait depuis 1623, en Angleterre, et qu'elle attribua en partie, à cette cause, la prééminence de l'industrie dans ce pays rival. De là, l'institution des brevets avec le principe de délivrance sans examen et sans garantie, aux risques et périls de l'impétrant.

Après environ 30 années d'expérience, la législation de

1791, donna lieu à de nombreuses réclamations de la part des brévetés, qui se plaignaient de l'insuffisance de ses dispositions pour protéger leurs droits. Cédant à ces justes doléances, l'administration chargea, en 1823, une commission de réviser ces lois et de les mettre en harmonie avec les besoins et les progrès de l'industrie. Plusieurs projets furent élaborés ; le dernier est celui adopté par la Chambre des Pairs, et soumis à la Chambre des Députés.

L'institution des brevets doit-elle être maintenue ?

Avant de discuter ce projet, et comme question préjudicielle, nous nous demandâmes, d'abord, si l'institution en elle-même devait être maintenue. Des doutes, en effet, se présentaient à notre esprit, déterminés non-seulement par l'intérêt de la société, mais des inventeurs eux-mêmes.

Dans l'intérêt des inventeurs.

Des inventeurs : En effet, quelle est leur position ? Isolés, abandonnés à leurs propres forces, à leurs seules ressources, et, la plupart du temps s'ils sont favorisés par le génie, ils ne le sont guère par la fortune, ils ont à lutter contre toutes les industries dont leurs innovations viennent froisser ou inquiéter les intérêts, exciter les susceptibilités, éveiller les craintes, susciter les mauvaises passions : en un mot, ils sont regardés comme l'ennemi commun contre lequel on s'élève d'autant plus que leur invention est plus utile. De là, la contrefaçon ; timide d'abord, bientôt audacieuse et sans scrupule, elle se répand de toutes parts : traquée par le breveté dans la localité où il réside, elle se réfugie à des distances plus ou moins éloignées. De là, nécessité, pour lui, d'agents nombreux pour la surveiller, la démasquer, la poursuivre, de consacrer son temps à des recherches et à des procès toujours longs, coûteux, et souvent incertains par les variations de la jurisprudence sur un même fait, sur un même point. De là, impossibilité de garanties réelles, désespoir pour l'inventeur, abandon de son droit ; dès lors, intérêt pour lui, de supprimer l'institution, si l'on ne peut parvenir à la rendre efficace dans son action protectrice. Or, c'est ce que n'a pu faire jusqu'à présent, la législation de 1791, c'est ce que ne saurait atteindre le projet nouveau. Il est, donc, bien important de chercher à donner force réelle à la loi ; sinon, dans l'intérêt même du bréveté, l'institution doit être écartée, surtout si l'on rapproche le grand nombre des inventeurs ruinés par leurs découvertes du peu d'inventeurs enrichis, ou seulement soutenus par les bénéfices de leur privilége. Tel est le triste résultat de la trop malheureusement exacte réalité.

Quant au maintien de l'institution dans l'intérêt de la so-ciété, *en théorie*, il ne semble pas douteux. En effet, il faut une récompense au génie d'invention. Autrement, et si chacun est libre de s'emparer des découvertes dès qu'elles seront produites, si les auteurs n'ont aucune rémunération de leurs travaux, découragés, ils ne se livreront plus à des recherches dont le résultat sera de les grever des avances de sacrifices de tout espèce, temps, veilles, argent, pour ouvrir, à ceux qui n'auront eu que la peine d'attendre, la carrière d'une concurrence toute à leur avantage, puisque toutes les chances, tous les essais auront été pour les in-venteurs. D'autre part, ceux-ci iront porter leurs décou-vertes chez l'étranger, là où ils trouveront, dans la législation, le plus de faveur, de protection et de garanties. Enfin, l'intérêt de la société exige le maintien du brevet ; car, elle n'a rien à souffrir de la triste position de l'inven-teur. Loin de là, elle recueille les fruits de son labeur et de son désespoir ; elle s'enrichit de son expérience acquise au prix de ses sueurs, de ses efforts provoqués par ses illusions et ses espérances, de sa ruine, qui devient le signal de la jouissance commune. En un mot, si les inventeurs ne tra-vaillent pas à leur profit, ils travaillent au profit de la société. De ce point de vue, l'institution est-elle juste et morale ? Qu'importe, dira-t-on, elle est utile.

Dans l'intérêt de la société.

Cependant, d'un autre côté, le privilége arrête, momen-tanément, les progrès de l'industrie, stérilise l'amélioration et le développement des idées, blesse les intérêts des tiers qu'il tient en suspens, met la masse dans la dépendance des brévetés, subordonne la qualité, l'étendue ou la limite de la consommation à leur position, le plus souvent précaire et incertaine ; le privilège réduit la société à des productions défectueuses que les insuffisantes ressources des inventeurs, abandonnés à leurs propres forces, autant que la certitude même de leur monopole, maintiennent dans un état d'imperfection par l'impossibilité du perfectionnement de l'idée première, qui leur est temporairement inféodée. Enfin, le privilège provoque l'infériorité des produits au-dehors, en obligeant le pays inventeur à lutter, sur les marchés étrangers, armé du monopole d'un seul, contre la concurrence d'une exploitation libre. A ces titres, l'intérêt de la société peut, donc, commander l'anéantissement de l'institution. Mais alors, comment et par quoi la remplacer ? Comment satisfaire à la juste récompense due par le corps social ? Ici, commence le problème ; il ne m'appartient pas de le résoudre : il me suffit, quant à présent, de l'indiquer, pour en tirer cette conséquence, en ce qui concerne le projet, qu'il doit être étudié avec d'autant plus de scrupule et de soin, que ses résultats sont plus graves, au double point de vue de l'intérêt général et de l'intérêt individuel.

F Durée et taxe des brevets. Après l'examen de la nature du droit des inventeurs et de l'institution des brevets, nous avons passé à la question de la durée et de la taxe.

Quant à la durée : nous avons recherché pourquoi elle était divisée, en France, en périodes de 5, 10 ou 15 ans, tandis qu'en Angleterre et aux États-Unis, cette durée était *unique*, quatorze ans. Nous en avons trouvé la cause dans les degrés variables d'importance supposée aux découvertes, variation qui avait fait penser devoir établir des degrés différents dans la durée de jouissance nécessaire aux inventeurs pour tirer parti de ces découvertes.

A l'égard de la taxe : nous sommes, également, remonté aux motifs de son établissement. Nous avons, avec le rap-

port fait à l'Assemblée constituante, démontré qu'ils pouvaient se réduire au dédommagement à donner , par
l'inventeur, à la partie publique, pour les services, c'est-à-
dire pour la sécurité, et le droit privilégié qu'il en reçoit
dans l'exploitation de son invention. Nous nous sommes,
alors, demandé pourquoi, en partant de ces considérations,
les auteurs littéraires et artistiques, hommes de lettres,
compositeurs de musique, graveurs, peintres, dessinateurs,
qui recevaient la même sécurité et un droit privilégié
beaucoup plus étendu, viager pour eux ; de 10 et de 20 ans
pour leurs héritiers, ne payaient aucune taxe : Pourquoi
cette différence entre eux et les industriels inventeurs qui
rendaient des services au moins égaux à la société, dont les
découvertes contribuaient, si puissamment, à la civilisation : pourquoi ceux-ci ne jouissaient de leurs œuvres que
pendant 5, 10 ou 15 ans, à la charge de payer à l'état une
redevance de 500, 1,000 ou 1,500 francs, et, même, d'exploiter leur jouissance dans un temps et sous des conditions
imposées sous peine de voir leurs inventions acquises au
domaine public ? Remontant, alors, aux principes, précédemment posés, sur la nature du droit des inventeurs et la
différence de ce droit comparé à celui des auteurs littéraires
et artistiques nous avons cherché à concilier ces contradictions apparentes, en établissant que le droit des inventeurs
était *un véritable monopole sur l'idée*, susceptible d'être conçue et réalisée de la même manière par plusieurs personnes,
résultat qui ne pouvait, jamais, se rencontrer chez les auteurs littéraires : que ce monopole temporaire pouvait,
donc, dans l'intérêt social, être compensé par des conditions plus rigoureuses pour les inventeurs, puisqu'ils recevaient réellement un privilège qui, momentanément, venait
entraver le libre exercice d'*idées* appartenant à d'autres au
même titre, entraver d'autant plus le développement de
ces *idées* que la loi les inféodait temporairement, en em-
pêchant les tiers de tirer, pendant le brevet principal, parti

des perfectionnements qu'ils pouvaient y apporter; qu'enfin, ce droit, tout exceptionnel, de suzeraineté *sur les idées* pouvait raisonnablement, équitablement même, justifier une taxe qui n'était pas exigée des littérateurs dont les idées étaient livrées à la jouissance de tous.

Quant à la *proportionnalité* de la taxe, elle a été fixée à raison de l'étendue de la jouissance. Le projet a augmenté les droits; d'après la loi de 1791, 362 fr. pour 5 ans, 862 fr. pour 10 ans, 1562 fr. pour 15; d'après le projet, 500 fr. pour 5 ans, 1000 fr. pour dix ans, 1500 fr. pour 15 ans; c'est-à-dire cent francs par année. A ce point, la base est juste : celui qui jouit plus longtemps doit payer davantage. Mais, est-elle rationnelle, en rapport avec la nature des choses ? Nous ne le pensons pas. En effet, elle n'a pas pour principe l'importance de l'invention, mais les facultés de l'inventeur. Ainsi, celui qui, ayant fait une découverte industrielle, susceptible de rendre d'immenses services à la civilisation, n'aura pas 1500 fr., ne pourra prendre qu'un brevet de 10 ou de 5 ans, durée, la plupart du temps insuffisante, la dernière surtout, pour tirer parti de son invention ; tandis que l'homme plus favorisé de la fortune, pourra, pour l'invention d'une nouvelle allumette ou d'un nouveau briquet, avoir une jouissance de 15 années. Ce résultat est, essentiellement, inconséquent et injuste. En Belgique, la taxe a été calculée en raison de l'importance présumée de l'objet, appréciée par l'autorité. Base arbitraire, également mauvaise; car, comment juger ce qui, souvent, n'est que conçu sans être encore né? La manière de concilier la mesure du paiement d'une taxe proportionnelle avec l'intérêt de la justice et de l'inventeur qui exige un délai plus ou moins long dans sa jouissance, c'est d'adopter le moyen indiqué par la législation autrichienne, de faire payer par *annuités*. Ainsi, les intérêts de tous seront satisfaits. *L'inventeur* aura une plus grande facilité pour se libérer, en même temps qu'une durée d'exploitation qu'il pourra

déterminer en raison de l'importance de sa découverte. *La
société* aura des produits plus parfaits, parce que le bréveté,
ayant une extrême facilité pour acquitter une taxe de cent
francs par an , pourra s'occuper de perfectionner sa fabrication , n'étant plus dominé par l'obligation de payer *à la
fois* , et , par conséquent , de consacrer tous ses instans
à se procurer , une somme presque toujours supérieure à
ses ressources. Enfin , *le fisc* gagnera , infailliblement , à
ce mode de paiement , parce qu'en général , les brevets
seront pris pour une durée plus longue, et la taxe acquittée
intégralement, 100 francs étant un sacrifice que l'inventeur
peu fortuné pourra faire sans trop d'efforts après une
année d'économies. On pourrait , même , dans ce cas ,
supprimer les brevets de 5 ans , et n'adopter qu'une seule
durée, puisqu'en n'acquittant pas exactement ses annuités,
le bréveté serait déchu *de plano* : il aurait fait , lui-même
sa loi ; il n'aurait point à se plaindre.

Maintenant , que nous avons résumé ce qui s'est passé
dans la première réunion, aussi succinctement que possible,
mais , cependant , avec assez de développement pour être
compris des personnes étrangères à cette réunion , nous
compléterons ce que nous pouvons avoir omis au sujet de
la nature du droit des inventeurs.

Addition à ce qui a été dit au sujet du droit des inventeurs.

Ce droit est-il personnel ? Le brevet peut-il être saisi
par les créanciers du bréveté, doit-il faire partie de sa faillite , de ses biens en cas de déconfiture ? Peut-on former
opposition , entre les mains du Ministre, à la cession de ce
titre ?

Ce droit est-il personnel ? Peut-il être saisi par les créanciers, faire partie de l'actif de la faillite du bréveté ?

Toutes ces questions se touchent et sont dominées par la
première : le droit de l'inventeur est-il personnel ?

Et d'abord , fidèle à notre méthode, qu'entend-on par
droit personnel ?

Qu'entend-t-on par droit personnel?

Comme l'indique l'expression même, c'est un droit attaché à la personne, soit par sa nature, soit par la disposition de la loi.

Par sa nature : Ainsi, par exemple, un droit de passage qui ne peut être exercé que par celui auquel il est concédé : un droit de vue : un droit d'usage et d'habitation, qui ne peuvent être ni loués, ni cédés.

Par la disposition de la loi : Ainsi, le droit de rembourser le cessionnaire d'un co-héritier, en vertu de l'art. 841 du Code civil, droit appelé *Retrait successoral ;* le droit d'accepter une donation entre-vifs faite au débiteur, qui négligerait ou refuserait d'en faire l'acceptation, que la loi permet de faire par un acte séparé, etc. etc.

C'est un principe général d'ordre et de moralité, consacré par l'art. 1166 du Code civil, que, si les conventions n'ont d'effet qu'entre les parties contractantes, néanmoins les créanciers peuvent exercer tous les droits et actions de leur débiteur à l'exception de ceux qui sont exclusivement attachés à la personne.

Un brevet entre-t-il, *par sa nature*, dans la catégorie des droits personnels, ou doit-il y entrer *par la disposition de la loi ?*

Cette question s'est, déjà, présentée, notamment dans les circonstances suivantes.

Un sieur Frémin, breveté pour des procédés chimiques de carbonisation de la tourbe, avait été saisi par suite d'une créance. Condamné, le jugement ordonna la vente de son brevet aux enchères publiques. Il s'adressa au ministère de l'intérieur, et demanda si la mise en vente d'un brevet n'était pas contraire à la nature du droit tout personnel de propriété d'un pareil titre.

Appelé, par le Ministre, à donner son avis sur cette question, le Comité consultatif des arts et manufactures fit la réponse suivante :

La personnalité, et, par suite, l'insaisissabilité ont été admises par le Co-

« Quant au principe de la *personnalité* du brevet, le seul « point, dans l'affaire, sur lequel on peut avoir recours à « une interprétation de la part du gouvernement, il semble,

« au bureau , *que nul n'en peut être dépouillé sans son consen-* mité consultatif des
« *tement, pour quelque cause que ce soit , et que des créanciers* Arts et Manufac-
« *ne peuvent avoir aucun droit sur un brevet, mais seulement sur* tures.
« *les produits de l'invention.* Toutefois, celui qui a obtenu le
« brevet peut l'aliéner volontairement, et il est tenu de rem-
« plir, à cet égard, les conventions qu'il a souscrites.

« Voilà, ce qu'on pourrait répondre à M. Frémin , dont
« les travaux pour les progrès de l'industrie, et la déplora-
« ble situation sont faits pour intéresser, etc. »

D'après cette opinion, un brevet constituerait une *pro-priété essentiellement personnelle, dont l'inventeur ne pourrait être dépouillé, sans son consentement, pour quelque cause que ce soit;* ses créanciers n'auraient aucun droit sur le titre même, mais seulement sur les produits provenant de l'exploitation de l'invention, sur ses résultats matériels.

Lors de la discussion du projet de loi sur la propriété *dite* La personnalité
littéraire, la Chambre des Députés eut à s'occuper de la et l'insaisissabilité
personnalité du droit, au sujet de la question de savoir si admises par la
les créanciers de l'auteur pourraient saisir, sur lui-même, Chambre des Dé-
le droit exclusif à lui conféré de publier un ouvrage ou d'en putés dans le pro-
autoriser la publication. jet de loi dit de la
propriété littéraire.

« Il y a ici, dit M. de Salvandy, deux choses entière-
« ment distinctes : *l'édition* et *le droit abstrait,* le droit général,
« le droit absolu.

« Oui, l'édition est dans la condition générale des meu-
« bles, tombe sous toutes les règles qui atteignent les meu-
« bles, et doit subir la condition des meubles devant le
« créancier, Mais, le droit abstrait, mais le droit absolu,
« mais ce droit, si j'osais m'exprimer ainsi, *ce droit paternel*
« de l'auteur sur son ouvrage, vous allez le transmettre à
« qui? au créancier; c'est-à-dire que, tandis que la pensée
« généreuse de votre loi, celle qui, j'espère, fera re-
« trancher, par la Chambre, des dispositions qui cessent
« d'être empreintes de ce caractère, et que je repousse
« comme vous; tandis que la pensée généreuse de la loi est
« de conserver à l'auteur ce droit permanent sur son livre,

« qui fait que, toujours, il peut le modifier ; tandis que la
« pensée de la loi, pensée élevée et morale, est *que le livre*
« *n'est pas achevé tant que l'auteur est vivant,* vous iriez vous
« placer sous l'empire de ces considérations qu'on étalait
« tout-à-l'heure à la tribune pour restreindre votre intérêt
« en restreignant vos préoccupations !

    « Quoi ! Messieurs, jeune, j'ai fait *OEdipe*, et vous voyez
« quel ouvrage je choisis parmi ceux de Voltaire ; j'ai fait
« OEdipe ; je l'ai lancé à vingt ans ; il a recueilli des ap-
« plaudissements du public, qui s'est rendu compte autant
« de cette grande exception du jeune âge de l'auteur que du
« mérite de l'ouvrage ; et vous ne permettriez pas à l'au-
« teur d'être, pendant tout le cours de sa vie, plus sévère
« pour son ouvrage que le public ne l'a été ! Vous ne lui
« permettriez pas de le revoir, de le rendre plus digne de
« cet autre public qui l'attend, celui de la postérité ? Non,
« ce serait changer le caractère de la loi, ce serait lui don-
« ner un caractère odieux, ce serait nier son principe : *le*
« *droit personnel et vivant de l'auteur, c'est son livre.* »

    Après des débats contradictoires et sérieux de part et
d'autre, le renvoi à la Commission fut ordonné. Voici le
résultat de l'examen par suite du renvoi. On admit la sai-
sissabilité *sur les cessionnaires de l'auteur et par leurs créanciers,* on la rejeta *à l'égard de l'auteur lui-même.*

    « On a pensé, dit, à ce sujet, le Rapporteur, qu'il y avait
« une sorte de profanation à violer le droit de l'écrivain lui-
« même, pendant qu'il était là, dans la création pour ainsi
« dire continue, dans le perfectionnement indéfini de son
« travail, qu'il y avait immoralité, qu'il y avait péril pour
« les écrits, péril pour les idées, dommage moral même
« porté à ce libre arbitre complet de l'homme qui pense et
« qui peut ou retenir ou corriger sa pensée, à atteindre
« l'auteur dans cette sorte *de paternité continue,* ainsi que
« l'a si bien définie, avant-hier, l'honorable M. de Salvandy.

    « On a, donc, pensé que ce droit continu de l'écrivain,
« que la loi lui reconnaît toujours, que cette sorte de tu-
« telle, créatrice encore de son œuvre, ne pouvait subir

« d'atteinte ; qu'il pouvait avoir un repentir, un remords
« d'une œuvre légèrement livrée dans le public ; qu'il fallait
« respecter en lui cette possibilité de retirer, pour ainsi
« dire, en soi, cette faculté imprudemment compromise
« dans la publicité ; que la loi n'allait pas, ne devait pas
« aller extirper sa volonté dans sa conscience !

   « En conséquence, la Commission, frappée de ces dou-
« bles considérations, les unes toutes commerciales et maté-
« rielles, les autres se rattachant aux plus hautes idées
« morales, a cru, sans aucun péril pour la réalité de la pro-
« priété, qu'elle pouvait créer, à la fois, un avantage im-
« mense pour la préservation des idées d'ordre public et de
« moralité personnelle, ainsi que pour les garanties à main-
« tenir dans la famille, et adopter l'esprit de la proposition
« qui lui avait été faite. »

   En conséquence, l'art. 2, § 3, fut ainsi conçu :

   « *Pendant la vie* de l'auteur, le droit exclusif de publier
« un ouvrage ou d'en autoriser la publication *ne sera saisis-*
« *sable que sur les cessionnaires et par leurs créanciers.* »

   Déjà, et dès le 21 mars 1749, *Un arrest du conseil d'Estat
du Roy*, en faveur du sieur *de Crébillon*, auteur de la tragédie de Catilina, avait jugé que les productions de l'esprit
n'étaient pas au rang des effets saisissables, et le *Roy*,
évoquant à soi et à son conseil, avait fait *main-levée provisoire
audit sieur de Crébillon des saisies et autres oppositions faites ou
à faire pour raison de sa tragédie de Catilina.*

   Ce principe d'*insaisissabilité* peut-il s'appliquer au brevet ?
Le droit conféré par ce titre est-il, de sa nature, ou doit-il
être, par la disposition de la loi, considéré comme essentiellement personnel ?

   De sa nature ; non : car, une fois l'invention produite,
elle peut être exécutée par quiconque l'a comprise. Il n'en
est pas, à son égard, comme d'un droit de passage, d'un
droit de vue, d'usage, d'habitation, exclusivement attachés
à la personne, à la personne *seule*, susceptible d'être exercé
par elle seule et non par d'autres.

   Par la disposition de la loi ; sans doute, la loi pourrait, dans son omnipotence, déclarer le droit personnel à l'inventeur, en prescrire l'insaisissabilité et ne donner prise aux créanciers que sur les fruits à provenir de l'exploitation, sur le prix dû au bréveté par suite de la cession soit totale soit partielle de son brevet.

Mais, cette exception, qui imprimerait un caractère tout privilégié au droit de l'inventeur, loin d'être commandée par la nature des choses, nous y semblerait contraire. En effet, il n'en est pas ici comme en matière littéraire. On ne peut pas dire de l'invention d'une machine, ce qu'on dit de la création d'un livre, qu'il y aurait injustice, immoralité, péril pour les inventions, pour les idées, dommage moral porté à ce libre arbitre de l'homme qui pense, à atteindre l'auteur dans cette sorte de paternité, à lui fermer la voie au repentir, au remords d'une œuvre légèrement livrée dans le public, à lui retirer cette faculté imprudemment compromise par la publicité même. Ces considérations existent bien, *jusqu'à un certain point*, mais dans des termes trop éloignés pour provoquer l'exception en faveur du bréveté. Il peut bien regretter d'avoir produit une invention informe, imparfaite ; mais *jamais*, sa réputation, son honneur ne seront exposés à en rougir, comme chez l'homme de lettres, dont une œuvre de jeunesse pourrait, souvent, engager l'avenir. L'inventeur fera oublier l'imperfection de sa machine, de son produit par la perfection qu'il leur donnera : souvent, il ne pourra pas en être ainsi du littérateur. Piron, Parny et tant d'autres, dans leur âge mûr, dans leurs derniers jours, n'auraient-ils pas voulu, au prix d'immenses sacrifices, pouvoir faire entièrement oublier les écarts de leurs premières années, ensevelir dans le néant les dérèglements d'une imagination en délire, racheter, par l'expiation de toute une vie, les amers regrets de la corruption semée, dans les cœurs comme dans les esprits, par la publication d'ouvrages répudiés par la dignité même de l'homme !

Il existe, donc, encore ici, une différence sensible dans la nature du droit, laquelle doit en provoquer dans les effets. Le brevet doit, donc, pouvoir être saisi par les créanciers de l'inventeur, faire partie de ses biens dans le cas de faillite ou de déconfiture. Lui appliquer la disposition adoptée pour l'homme de lettres, ce serait introduire, dans le droit, une exception dangereuse, *immorale même*, donner à l'inventeur la possibilité de se jouer de ses engagements les plus sacrés. Aussi, l'art. 14 de la loi du 7 janvier 1791 a-t-il eu parfaitement raison de considérer un brevet comme un *objet mobilier*, en donnant au bréveté le droit d'en *disposer*, pour nous servir de ses expressions *comme d'une propriété mobilière*; peut-être, même, serait-il bon de conserver ce principe dans la loi nouvelle, pour éviter toute interprétation de la nature de celle de M. Frémin et du comité consultatif des arts et manufactures.

Nous allons plus loin. Nous voudrions que la loi donnât *expressément* au créancier le droit de former, entre les mains du Ministre, opposition, à toute cession de brevet; nous l'avons demandé dans le sein de la commission. On nous a répondu que l'on resterait, à cet égard, dans les termes du droit commun. Mais, le droit commun ne s'explique nullement, n'est même pas applicable à la position; car, il se borne à donner au créancier le droit de former une *saisie-arrêt* entre les mains d'un tiers débiteur de sommes ou effets appartenant à son débiteur, ou de s'opposer à leur remise.

Or, ici, le Ministre n'est pas *débiteur* de sommes ou effets appartenant au bréveté, à moins d'appliquer le mot *effets* au brevet dont le Ministre a la minute entre les mains, et le bréveté l'expédition originale. Aussi, le Ministre pourrait-il très bien se refuser à recevoir une opposition à toute cession et renvoyer le créancier à former une *arrêtsaisie- sur le prix de la cession*. Mais, alors, qu'arriverait-il? Que le bréveté, en cédant son titre soit partiellement, soit totalement, aurait, toujours, soin de stipuler, dans l'acte notarié, un prix payé comptant, dissimulé quant à la somme réelle pour éviter, à la fois, les droits d'enregistrement et les actions de son débiteur, en sorte que

doivent pouvoir être saisis.

La loi devrait donner formellement aux créanciers le droit de former opposition à la cession totale ou partielle d'un brevet. Pourquoi ?

celui-ci se trouverait avoir un recours entièrement illusoire. Voilà pourquoi je demandais, et je demande encore, une disposition expresse, qui fasse disparaître tous les doutes, toutes les interprétations.

Nous avons successivement examiné et complété ce que nous avions à dire tant au sujet de la nature du droit des inventeurs, que de l'institution des brevets.

Nous avons déclaré sur le premier point, et en admettant le second, que le projet de loi n'exprimait aucun principe. En effet, l'article 1er, qui semblerait devoir présenter la base, l'assise de l'édifice, se borne à dire : « *Toute nouvelle* « *découverte ou invention, dans tous les genres d'industrie, con-* « *fère à son auteur, sous les conditions et pour le temps ci-après* « *déterminés,* LE DROIT EXCLUSIF D'EXPLOITER, A SON PROFIT, « *la dite découverte ou invention.* »

Cette disposition *confère un droit,* pose un résultat, mais ne contient nullement un principe ; il établit un effet sans cause, ou du moins sans la faire connaître. Et cependant, il en existe, il doit en exister une. Cette cause, c'est, d'un côté, la révélation complète du secret, de l'invention par son auteur : de l'autre, l'attribution d'un droit exclusif et temporaire en échange de cette révélation. Voilà le double principe du contrat synallagmatique, du brevet ; le principe dont l'Assemblée nationale a eu la conscience, mais qu'elle a faussé, dénaturé en lui donnant le nom mensonger et trompeur de *propriété ;* le principe, enfin, qui devait être écrit dans la loi, celui que nous formulerons, lorsque nous en serons à l'examen des articles du projet, c'est-à-dire à la question des formules.

Nous passerons, maintenant, à une innovation capitale du projet, dictée par d'excellentes intentions, mais qui, dans les termes où elle est présentée, et par l'effet d'une préoccupation peut-être trop vive pour l'intérêt des inventeurs, ne produira pas, c'est à craindre, tous les résultats qu'on s'en promet, et pourra, sous quelques rapports, être éludée, devenir même illusoire. Nous voulons parler des

brevets de deux ans, dits *brevets provisoires*, et que j'appellerai, aussi, *brevets d'essais*.

« Depuis longtemps, est-il dit dans le premier rapport *Motifs de cette in-novation.*
« du gouvernement, les brévetés se plaignaient d'être trou-
« blés dans leur jouissance par la facilité que la loi accorde
« à chacun de prendre des brevets d'addition et de perfec-
« tionnement : d'un autre côté, les brévetés eux-mêmes,
« après un an ou deux d'exploitation, sont souvent con-
« duits à reconnaître la futilité et le vide de leurs décou-
« vertes ; et, ne pouvant, par une renonciation, obtenir le
« remboursement de la partie de la taxe acquittée, ils se
« laissent, volontairement, frapper de déchéance pour n'en
« pas solder le complément.

« Afin d'éviter ce double inconvénient, qui est réel, et
« qui mérite d'être pris en considération, le projet de loi
« statue que les brevets ne seront d'abord délivrés que pour
« deux années, moyennant le paiement d'une somme de
« 200 francs, à valoir sur le montant de la taxe, et qui de-
« meurera, dans tous les cas, acquis au trésor public ; qu'a-
« vant l'expiration de ces deux années, les brévetés décla-
« reront, en acquittant le complément de la taxe, la durée
« qu'ils entendent assigner à leur titre ; et tous les brevets,
« à l'égard desquels la déclaration dont il s'agit n'aurait
« pas été faite dans le délai fixé, seront nuls et de nul effet
« à partir de cette époque, les inventions qu'ils garantis-
« saient demeurant acquises au domaine public.

« Pendant le même délai de deux années, le bréveté *seul*
« pourra apporter, à l'invention faisant l'objet de son titre,
« des changements, additions ou perfectionnements.

« Ainsi, d'une part, tout bréveté, dont la découverte ne
« présenterait pas la réalité ou les avantages sur lesquels il
« avait compté, sera libre, en y renonçant, de se dispenser
« d'acquitter le complément de la taxe, et il lui suffira, à
« cet effet, de ne pas faire la déclaration mentionnée dans
« l'article 13.

« D'un autre côté, personne autre que le bréveté ne
« pouvant prendre, à l'égard de sa découverte, de brevet

« d'addition ou de perfectionnement avant le terme de deux
« années, ce dernier pourra, sans craindre d'être dévancé
« par un tiers, apporter, à cette découverte, les améliora-
« tions successives indiquées par la pratique, et il ne courra
« plus le risque de se voir enlever le fruit de ses travaux et
« de ses sacrifices.

« Cette double disposition présente une amélioration vé-
« ritable ; elle sera accueillie avec reconnaissance par les
« inventeurs qui trouveront, dans cette mesure, une garan-
« tie plus réelle que celle qui résulte d'une disposition
« analogue existant, dans la législation anglaise, sous le
« nom de *Caveat*. »

On ne saurait, sans injustice, méconnaître que le motif
de cette disposition nouvelle est aussi bienveillant que le
but en paraîtrait devoir être favorable pour les inventeurs.
Leur donner un temps d'essai pour s'assurer de la réalité
de leur découverte et leur éviter les conséquences d'une
illusion de paternité, cause possible de sacrifices inutiles
en recherches, travaux et capital : d'un autre côté, leur
accorder le droit exclusif, pendant deux ans, de parfaire
une invention, une idée bonne en soi, dans le complément
de laquelle ils étaient, souvent, arrêtés par les inspirations
qu'elle avait fait naître à ceux qui en avaient reconnu la
portée, en même temps que les imperfections inséparables
d'une exécution première.

Critique de la me-
sure, en ce qui
concerne le droit
exclusif, attribué à
l'inventeur, de faire
bréveter, en per-
fectionnant seul,
son idée ou inven-
tion première, les
améliorations y ap-
portées.

Examinons, toutefois. Prévenir les déceptions, les mécomptes, les erreurs, en donnant à l'inventeur le temps de
contrôler les calculs incertains de la théorie par le résultat
réel de la pratique, c'est une intention essentiellement morale, aussi recommandable dans son principe qu'utile dans
ses effets. Elle doit, sans contredit, être sanctionnée, adoptée avec empressement ; car, elle profite à l'inventeur, et
peut profiter à la société elle-même, sans nuire aux droits
de personne.

Mais, aller jusqu'à donner à cet inventeur le privilège
exclusif, pendant deux ans, de perfectionner *seul* son idée
pour l'amener à maturité ; interdire, pendant ce temps, *à*

tout autre la faculté de la modifier, et de prendre un brevet
pour les changements ou additions apportés à l'objet du
brevet primitif, c'est, suivant nous, se laisser entraîner
trop loin, trop tenir compte de la position exceptionnelle
de l'un, et pas assez des droits de la masse, de l'intérêt de
l'industrie en général. Il est juste, dit-on, de laisser à l'inventeur, à celui qui a ouvert la voie, qui a eu l'idée première, un temps privilégié pour la féconder. Mais, est-il
juste, d'un autre côté, sous prétexte de *possibilité* de cette fé-
dation, possibilité qui, souvent, ne se réalisera pas, car, la
plupart du temps, l'inventeur est un homme qui, sous
l'empire d'une idée fixe, en est absorbé au point de ne voir
que ce qu'il a vu, que ce qu'il a longtemps médité et re-
tourné en tous sens quand il est arrivé à prendre son brevet, un homme qui, dans sa continuelle préoccupation, ne
sort pas d'un cercle dans lequel il s'agite sans cesse en re-
venant sur lui-même ou en se modifiant dans le même sens,
en sorte qu'il ne voit souvent pas ce qui est fort simple pour
celui dont les idées sont toutes fraîches, est-il juste, disons-
nous, que cet homme mette, pendant deux ans, un *embargo*,
un véritable *veto* sur les idées des autres, le tout parce que
sa première idée aura pu les faire naître, et qu'il doive,
seul, pendant un temps, pouvoir perfectionner cette idée,
sauf à ne pas user de cette faculté, si ses ressources inven-
tives ne le lui permettent point?

Toutefois, par hypothèse, admettons-le pour un moment, et voyons où aboutira, dans la pratique, cet exorbitant et si bienveillant privilège. C'est, ici, que pour rendre
plus sensible l'argumentation, il convient de la formuler
par deux exemples que nous emprunterons à la respectueuse
-pétition des Artistes-Inventeurs à l'Assemblée nationale.

« Depuis un siècle, disent-ils, les machines à feu, dont
« le moteur est l'eau vaporisée, n'étaient qu'à une seule
« injection, ce qui en rendait l'effet moins utile et la mar-
« che moins égale. Par une ingénieuse extension du prin-
« cipe, Boulton a fait servir la vapeur, au moyen d'une
« nouvelle injection supérieure, à refouler le piston qu'une

« injection inférieure sert à élever. C'est sur ce principe
« que sont construites les deux machines de l'Ile des Cignes
« qui font tourner chacune six meules. »

Second exemple : « Nos magasins de quincaillerie sont
« pleins de mouchettes remarquables par une lame placée
« au milieu du coffre, et qui sert tout ensemble à couper le
« bout de la mèche et à renfermer le lumignon. L'inven-
« teur prit, en Angleterre, une patente pour cette lame,
« qu'il était réduit à faire mouvoir à la main. Un autre ar-
« tiste imagina de faire élever et tomber la lame au moyen
« d'un ressort caché : il eut une patente, de sorte que l'un
« ne pouvait fabriquer que la lame, et le second qu'adapter
« le ressort sur les mouchettes du premier. Ils finirent par
« s'associer : cela est fréquent dans ce pays-là. »

Ainsi, dans le système proposé, l'inventeur de la première injection, de l'injection inférieure, aura le droit de
faire annuller le brevet pris, pendant le cours de son brevet
provisoire, par l'auteur de l'injection supérieure. La conséquence directe de cette annullation sera de faire tomber le
moyen de cette injection dans le domaine public.Or,comme
personne n'a la faculté légale, tant qu'existe le brevet primitif, de faire usage des perfectionnements, pas plus les
tiers, dont l'ensemble constitue ce qu'on appelle le *domaine
public*, que les auteurs mêmes de ces améliorations, il en
résultera forcément de deux choses l'une ; ou, que l'inventeur originaire aura, *seul*, le droit de profiter de l'acquisition du domaine public, de s'emparer du moyen d'injection
supérieure imaginé par le perfectionneur, de l'exploiter, en
un mot, à son bénéfice exclusif, ou que, si l'on ne veut pas
sanctionner cette véritable usurpation des idées d'autrui, le
domaine public n'aura aucun droit de jouissance sur la modification qui peut avoir, souvent, plus d'importance que la
chose principale. Or, dans le premier cas, la mesure pri-
vilégiée est-elle bien conforme à l'équité, à la justice;
dans le second, bien entendue, bien calculée au point de vue
de l'utilité et de l'économie politique? Sous prétexte que
l'inventeur primitif *aurait pu* découvrir le perfectionne-

ment, est-il juste ou de lui attribuer exclusivement, par le droit, la jouissance de l'œuvre d'un autre, ou de considérer cette œuvre comme bien de *mainmorte*? Mais, dira-t-on, serait-il plus juste de stériliser l'invention première, l'idée de celui qui a ouvert la voie, provoqué l'idée de l'injection supérieure, en donnant à celui-ci le droit d'absorber, dans son perfectionnement, l'injection inférieure? Non, sans doute: ce dernier ne doit pas davantage être favorisé au détriment du premier. Ce qu'il convient de faire, dans ce cas, c'est de conserver ce qui existe aujourd'hui en adoptant le brevet de deux ans sous les autres rapports, c'est-à dire de retrancher le privilège par trop exclusif conféré par l'art. 18 du projet, en laissant la faculté aux tiers de prendre des brevets pour les perfectionnements par eux faits pendant les deux années aussi bien que pendant tout le temps du brevet définitif, sauf à n'en jouir qu'en s'entendant avec le breveté originaire, ou, à défaut de son consentement, à ajourner leur jouissance à l'expiration ou à une des causes prévues par le titre iv du projet. C'est ce qu'a parfaitement exprimé M. de Boufflers, lorsqu'il a dit :

« Quelques personnes sont tombées dans une méprise « dont il est aisé de les faire revenir. On a cru que le titre « accordé à l'auteur de la perfection enlève, au premier « auteur de la découverte, l'exercice privatif de son droit « d'inventeur ; mais, il n'en est pas ainsi ; l'invention est « le sujet, la perfection est une addition ; ces deux choses « différentes appartiennent à leurs auteurs respectifs : l'une « est l'arbre et l'autre est la greffe. Si le premier inventeur « veut présenter sa découverte perfectionnée, il doit s'a- « dresser au second, et, réciproquement, le second inven- « teur ne peut tenir que du premier le sujet auquel il veut « appliquer son nouveau genre de perfection : ils se verront, « désormais, obligés, quoi qu'ils fassent, de travailler l'un « pour l'autre ; et, dans toutes les suppositions, la société « y trouve son profit ; car, ou bien ils se critiquent, et, « alors, le public est plus éclairé, ou bien ils s'accordent, « et, alors, le public est mieux servi.»

Aussi , M. Gay-Lussac a-t-il eu, suivant nous, raison de s'élever contre le privilège contre lequel nous protestons et qu'il taxe de *monstruosité* : « L'article 17 du projet, « disait-il, donne à l'inventeur un droit exorbitant, que, « j'espère, la Chambre n'accordera pas. Ce privilège est que « le bréveté *seul* aura le droit de prendre un brevet de per- « fectionnement sans que tout autre individu puisse en « prendre de valable. C'est une véritable *monstruosité* que « cela.

« L'ancienne législation permettait à tout individu de « faire des innovations, améliorations, perfectionnements, « à un brevet déjà donné, mais, sans nuire, jamais, aux « droits acquis. L'ancien inventeur continuait à exploiter « librement la jouissance de son brevet. Seulement, il ne « pouvait rien prendre des nouvelles découvertes faites. Le « nouveau bréveté ne pouvait exploiter sa découverte qu'à « l'expiration du premier brevet.

« La pensée était libre ; elle avait conduit à de bons ré- « sultats qui restaient, au moins, acquis à celui qui en avait « le mérite. Eh bien, on l'en dépouille, on dit : non, vous « n'aurez pas un brevet valable. C'est le premier bréveté , « sous prétexte que si un nouveau-venu a fait une belle « découverte, *l'autre l'eût faite certainement* si l'on n'eût « pas été tant pressé. Voilà le résultat de l'art. 17 et aussi « de l'art. 13 qui en est la conséquence. »

Cependant, M. Gay-Lussac fut seul de son opinion. J'en demande pardon à la Chambre des Pairs, mais, j'aurais été entièrement de l'avis de l'honorable membre, seulement, toutefois, en ce qui concerne le rejet de l'article 17, et non à l'égard de la suppression *totale* du brevet de deux ans, surtout si, comme je l'espère, on adopte le paiement de la taxe par *annuités*.

Les résultats de l'interdiction que nous combattons seront, nous le répétons, de stériliser les recherches utiles, d'y mettre un temps d'arrêt, d'enrichir le bréveté provisoire des idées des tiers, d'empêcher les contrats qui, à l'aide des brevets de perfectionnement et dans l'esprit de l'article 8, titre ii, de la loi du 25 mai 1791, pouvaient intervenir et intervenaient souvent entre l'inventeur primitif et le perfectionneur, d'appauvrir la consommation en la privant des conséquences heureuses de l'association de l'invention première et du perfectionnement, par suite de provoquer, à l'étranger, la supériorité des produits, puisque la liberté de la concurrence mettra à même d'y apporter ces améliorations interdites à tous par la tyrannie ou le caprice du privilège. Et pourquoi tant de sacrifices? Dans la vue de favoriser outre mesure l'auteur de l'idée première, de lui donner un temps d'essai, peut-être et souvent inutile, pour amener à meilleure fin sa découverte dans la supposition bien hypothétique qu'il la perfectionnera nécessairement et y introduira les changements dont il aura fait naître la pensée chez les autres. Non, mille fois, non ; quelque favorables que soient nos dispositions pour les brévetés. La société, en effet, les progrès de l'industrie générale ont, également, droit à notre sympathie, et, au nom de ces intérêts bien entendus, suivant nous, nous protestons contre sinon la *monstruosité,* au moins l'exorbitance du privilège nouveau, tout en reconnaissant les bonnes et bienveillantes intentions qui l'ont inspiré ; nous ne voulons pas que, dans une loi française, on écrive : *Un citoyen aura le droit de s'enrichir du bien et aux dépens d'autrui.*

Jusqu'ici, nous ne nous sommes attachés qu'à la théorie et à l'économie de la disposition nouvelles. Voyons, maintenant, dans l'exécution pratique, quelles en seront les conséquences.

« Nul autre que le bréveté ou ses ayant-droit, dit l'ar« ticle 18, ne pourra, pendant la durée du brevet provi« soire, obtenir valablement un brevet pour un change« ment, perfectionnement ou addition à l'objet du brevet « primitif. »

Ainsi, d'après la contexture même de l'article, nul autre que le bréveté provisoire ou ses ayant-droit ne pourra obtenir valablement un brevet pour des changements ou additions. Cela veut-il dire que l'administration aura le droit de refuser le brevet demandé, par tout autre que les personnes indiquées, pour des perfectionnements à l'objet du brevet primitif? Nous ne saurions le penser : car se serait attribuer à l'autorité administrative un droit qu'elle ne saurait avoir, un droit contraire à un des principes essentiels et fondamentaux de la loi, à celui prescrit par l'article 11 du projet, qui veut que les brevets dont la demande aura été régulièrement formée, soient délivrés, *sans examen préalable, aux risques et périls des demandeurs, et sans garantie* soit de la réalité, de la nouveauté ou du mérite de l'invention, soit de la fidélité ou de l'exactitude de la description. Ce serait rendre l'administration juge de la question du perfectionnement, juge sans contradiction, car le projet ne parle pas de contradicteur. Mais, même en admettant l'intervention des deux parties intéressées, comment constituer le Ministre arbitre souverain en pareille matière, comment lui reconnaître un pareil pouvoir, comment lui imposer une pareille responsabilité? Sans doute, la distinction entre le perfectionnement et l'invention première pourra, souvent, être facile; mais, bien souvent aussi, le plus souvent même, elle sera d'une difficulté extrême; car, la plupart du temps, la ligne qui sépare le perfectionnement de l'invention première n'est pas tellement tranchée, que le perfectionnement lui-même ne soit et ne doive être considéré comme une invention différente de celle qu'on prétend être son point de départ et l'avoir inspiré. Il faudra, donc, alors, que le Ministre, sur son tribunal, appelle des gens de l'art, les consulte, s'éclaire de leurs lumières, s'entoure du cortège et de l'appareil de la justice pour prononcer en parfaite connaissance? Non ; tout cela est impossible, ne peut même se supposer. Quelle que soit son opinion, sa conviction, le Ministre devra délivrer le brevet sans examen, aux risques et périls des parties et laisser aux tribunaux leur liberté d'action : autrement, l'économie de la loi serait détruite, renversée de fond en comble.

Mais, nous irons plus loin. Le perfectionneur se gardera bien de dire, dans sa description, qu'il demande un brevet pour des changements, perfectionnements ou additions à l'objet d'un brevet déjà délivré : il ne sera pas si simple. Il requerra le brevet pour une *invention*, en ayant grand soin de dissimuler, dans l'expression, tout ce qui pourrait sentir le lien de famille. Et, croit-on, qu'au milieu de semblables précautions, le ministre, à toute force, voudra se constituer juge ? Jamais, ou, il manquerait à ses devoirs, étendrait extra-légalement son autorité essentiellement limitée par les termes comme par l'esprit de la loi, et s'exposerait à une responsabilité immense.

Voilà, donc, nonobstant l'interdiction de l'art. 18, le brevet délivré pour les perfectionnements. A ce moment, seulement, pourra commencer le débat judiciaire entre l'inventeur et le perfectionneur. Quel en sera l'effet ? Ou l'inventeur réussira ; dans ce cas, le brevet de son adversaire sera déclaré nul ; le perfectionneur ne pourra pas en jouir ; ses perfectionnements seront acquis au domaine public ; ils deviendront la possession de tous ; tous pourront en profiter. Ne le pensez pas ; il en sera tout autrement : Le résultat de cette acquisition, sera, comme on l'a vu plus haut, d'être purement nominale pour tous pendant la durée du brevet originaire, sauf pour cet heureux privilégié qui, *seul*, en aura la jouissance utile, à moins qu'elle ne lui soit interdite à lui-même, par respect pour le commandement de Dieu, par la voix de Moïse :

Le bien d'autrui tu ne prendras
Ni retiendras à ton escient.

Alors, et dans ce dernier cas, les perfectionnements seront un bien de *main-morte* dont la vie ne commencera réellement pour tous qu'à l'expiration ou à la déchéance du droit du bréveté.

Nous ajouterons une dernière considération pour achever de démontrer l'impossibilité d'admettre le privilège discuté. Supposez que le bréveté primitif ait surpris, comme il arrive, comme il arrivera souvent, un brevet pour une invention dans le domaine public, dans le domaine privé même, au dehors, car il n'existe plus de brevet d'importation d'après le projet, ou bien pour une découverte qu'il aura traduite d'un ouvrage en langue étrangère et dont il se sera déclaré l'auteur. Il est des geais ailleurs qu'en littérature, et souvent, à ce point, les industriels et les hommes de lettres se ressemblent fort, sont de la même famille. Quoi qu'il en soit, inconnue pour le moment, en France, l'invention, objet du brevet primitif, aura fait naître d'heureuses, d'importantes idées. Le jour de la vérité arrive ; la fraude est signalée ; le brevet primitif est déclaré nul. Et le brevet pour le perfectionnement, que deviendra-t-il, si, à l'abri de l'art. 18, le breveté povisoire l'a fait annuller ? Le réhabilitera-t-on ? Lui rendra-t-on les honneurs d'une erreur judiciaire ou plutôt d'une erreur légale reconnue ? Rendra-t-on justice à la bonne foi du perfectionneur en prononçant anathème contre la fraude de l'impudent plagiaire ?

Autre espèce. Le breveté primitif est de bonne foi : il a réellement inventé ; mais, par maladie, par caprice, par découragement, par impuissance, il n'a pas été mis à exécution dans le délai voulu ; il a donné une description inexacte, il n'a pas payé sa taxe, il a, enfin, encouru la déchéance ou la nullité de son titre par une des causes écrites dans la loi.

Qu'adviendra-t-il, encore, dans ces cas, du brevet pris pour le perfectionnement et annullé en vertu de l'article 18 ?

Nous pourrions multiplier les exemples à l'infini, si nous donnions cours à notre imagination. Mais, nous nous arrêtons : nous pensons en avoir dit suffisamment pour motiver la nécessité, la justice du rejet de l'exception, par trop excentrique, de l'interdiction combattue.

TROISIÈME SÉANCE.

SUPPRESSION DES BREVETS D'IMPORTATION. — DES DROITS DES ÉTRANGERS.

SOMMAIRE.

Suppression des brevets d'importation.

Motifs de l'institution des brevets d'importation; essentiellement politiques.
La première Commission les a supprimés *d'instinct et sans discussion*.
Motifs de leur suppression d'après l'exposé du projet de loi.
Comment la Chambre des Pairs ne discuta pas la question économique des brevets d'importation.
Elle en était, cependant, digne, en présence de l'unanimité des législations qui ont adopté cette institution.
Discussion des motifs du projet, et examen.
Pour s'introduire dans la pratique, une invention a besoin d'encouragement. — Exemples.
L'intérêt individuel et la concurrence seraient insuffisants pour triompher des obstacles opposés par la routine, les mauvaises passions, les préjugés, etc., etc.
Les chances de profits doivent être proportionnées aux chances de pertes.
L'origine de l'invention ne change pas, ne fait pas disparaître son caractère d'utilité pour le pays intéressé à l'adopter le plus promptement possible.
Réponse de M. de Boufflers aux objections élevées contre les brevets d'importation.
Si l'on consulte l'expérience, elle semblerait favorable au maintien de ces brevets.
A quelles conditions.

Des droits des étrangers.

Motifs de ces droits.
Article 29 du projet du gouvernement.
L'Autriche a été plus loin que le projet.
La Chambre des Pairs a rejeté l'article 29 du projet.
Ce rejet n'est ni juste, ni politique. Pourquoi.
Ce qui arrivera si l'on rejète l'article 29.

Conclusion.

7

Messieurs,

Cette séance sera consacrée à l'examen des questions,
De la suppression des Brevets d'importation,
Et des droits des étrangers.

SUPPRESSION DES BREVETS D'IMPORTATION.

Motifs de l'institution des brevets d'importation.

Essentiellement politiques.

La loi du 7 janvier 1791 a, dans ses articles 3 et 9,
consacré, en ces termes, l'établissement des brevets d'importation :

Art. 3. « *Quiconque apportera, le premier, en France, une
découverte étrangère, jouira des mêmes avantages que s'il en était
l'inventeur.* »

Art. 9. « *L'exercice des patentes accordées pour une découverte importée d'un pays étranger, ne pourra s'étendre au-delà
du terme fixé, dans ce pays, à l'exercice du premier inventeur.* »

Les motifs de l'institution des brevets d'importation sont
purement politiques : ils n'ont pas eu pour but d'encourager
le génie d'invention et de rémunérer les travaux des inventeurs, mais, uniquement, d'enrichir l'industrie française des découvertes faites à l'étranger, en récompensant,
par un véritable privilège, celui qui les introduirait, le premier, dans le royaume. L'Assemblée nationale était, à ce
point, dirigée par les idées de l'époque. La rivalité avec l'Angleterre était aussi flagrante que possible. « Nous savons trop
« bien, disait le rapporteur à l'Assemblée nationale, que les
« Anglais ne travaillent pas seuls pour l'Angleterre. Chez
« eux, sur plus de mille privilèges d'invention actuellement
« en exercice, on en voit les *neuf-dixièmes* accordés à des
« étrangers ; et les citoyens que nous compterions dans
« cette armée auxiliaire de l'industrie anglaise pourraient,
« en ajoutant à nos regrets, relever aussi nos espérances.
« Voilà comme ils trouvent, jusque dans leurs rivaux, des
« instruments de leur triomphe ; voilà comme ils nous op-
« posent à nous-mêmes, semblables à ce grand roi du Nord
« qui battait ses ennemis avec leurs propres soldats. »

A ces considérations venaient, encore, se joindre celles puisées dans des principes d'économie politique, justifiées par les circonstances du temps. Indépendamment et à cause des idées révolutionnaires du moment, les relations, de peuple à peuple, n'étaient pas ce qu'elles sont devenues vingt-cinq ans plus tard. Les communications commerciales ou autres, étaient loin d'être multipliées comme maintenant : les bienfaits de la presse n'existaient pas pour ainsi dire. Tout se réunissait, donc, non-seulement pour légitimer, mais même pour commander, dans un intérêt national, l'institution des brevets d'importation.

Depuis le retour de la paix générale, les choses ont bien changé ; aujourd'hui, que, grâces à la multiplicité des rapports établis par les voyages, le commerce ou la presse, les différents peuples sont, en quelque façon, devenus un seul peuple, peut-on dire que l'intérêt général exige, comme en 1791, la conservation des brevets d'importation ?

Au nombre des questions, soumises à la publicité par la Commission dont je faisais partie, était celle-ci :

QUATRIÈME QUESTION.

« Les importations d'industries étrangères inconnues en « France, méritent-elles d'être brévetées ?

« Quels seraient les droits attachés à ces brevets ?

« Y aurait-il lieu de distinguer entre les importations « de procédés et moyens d industrie connus dans l'étranger « quoique inconnus en France, et les importations et « moyens d'industrie tenus secrets à l'étranger ? »

Les réponses émises sur cette question varièrent sur différents points, et peuvent se diviser en quatre classes :

Celles tendant au maintien des brevets d'importation de toute industrie inconnue en France ;

Celles qui n'adoptaient ces brevets que pour les industries privilégiées à l'étranger et pour le temps seulement que le privilège y aurait encore à courir ;

Celles qui n'admettaient que les brevets d'importation d'industries tenues secrètes à l'étranger ;

Enfin, celles qui les rejetaient absolument, dans tous les cas et dans toutes les hypothèses.

Lorsque la Commission eut à se décider, elle procéda, comme elle avait fait au sujet de la première question, celle relative à la conservation de l'institution des brevets. Par instinct plutôt que par examen, elle rejeta, sans débats, le maintien de ceux d'importation. L'article 2 du second projet se prononça formellement et en ces termes : *Il ne sera plus délivré de brevets d'importation.* Un troisième projet, celui aujourd'hui en discussion, fut élaboré dans les bureaux du ministère du commerce ; il ne décréta pas *expressément* l'anéantissement de la mesure : il le comprit dans l'abrogation générale des lois actuelles, en même temps qu'il établit un titre nouveau : *des Droits des Étrangers.*

Voici, d'après le premier rapport du Ministre, les motifs de la suppression :

« Contre les brevets d'importation, on a fait observer que « les rapports commerciaux entre les différents peuples, et « les habitudes de l'industrie sont bien changés depuis l'épo- « que où la loi croyait nécessaire d'encourager, par un « privilège et par la concession d'un droit de propriété, « l'importation des découvertes étrangères ; que, depuis « longtemps, la pratique des arts les plus difficiles, l'exploi- « tation des industries les plus secrètes, n'ont plus de mys- « tères pour l'œil investigateur de la concurrence et de « l'intérêt privé ; que les brevets d'importation ne sont « plus, pour ainsi dire, que le prix de la course, et que « dès-lors, loin de les encourager, il fallait les proscrire, « comme une atteinte portée aux droits de la société, « comme un vol fait au domaine public. »

Un article spécial pour la suppression du brevet d'impor- tation n'avait point été formulé dans le projet. La Chambre des Pairs, qui ne discuta que sur des articles sans remonter à la question économique, n'examina pas même celle des brevets d'importation. Cependant, elle en était digne par sa nature, encore bien que la conclusion pût devoir être contraire au maintien de l'institution. En effet, l'unanimité des peuples qui l'ont adoptée et conservée jusqu'à ce jour dans l'intérêt politique, était bien de quelque poids dans la balance ; l'Angleterre en 1623 et par un bill passé en loi en 1836 ; la Russie en 1812 ; la Prusse en 1815 ; la Hollande et la Belgique en 1817 ; l'Espagne en 1820 et 1825 ; la Sardaigne en 1826 ; l'Autriche en 1832 ; l'Amérique-Nord en 1836 ; le Portugal en 1837, etc., etc. brevets d'importation

Voyons, donc ; ne fût-ce que pour ne pas rejeter, *par instinct sans examen*, ce que l'Europe civilisée a couvert et couvre encore de son approbation ; ne fût-ce que pour motiver notre sagesse exceptionnelle, et éclairer les autres peuples dont les yeux seraient encore fermés à la lumière. Elle en était, cependant, digne, en présence de l'unanimité des législations qui ont adopté l'institution.

Depuis longtemps, dit-on, la pratique des arts les plus difficiles, l'exploitation des industries les plus secrètes, n'ont plus de mystères pour l'œil investigateur de la concurrence ; les brevets d'importation ne sont plus, pour ainsi dire, que le prix de la course, et dès-lors, loin de les encourager, il faut les proscrire comme une atteinte portée aux droits de la société, comme un vol fait au domaine public. Discussion des motifs du projet, et examen.

Tout cela est-il bien exact, et le prestige des mots n'absorbe-t-il pas, n'obscurcit-il pas la vérité, ne lui intercepte-t-il pas le jour ?

Serions-nous, donc, plus habiles que nos contemporains d'outre-France dans la pratique des arts ; serions-nous les seuls pour qui les industries les plus secrètes n'auraient plus de mystères, les seuls qui ne voudrions pas donner l'exemple *du vol fait au domaine public* par la conservation du brevet d'importation ? Tout cela n'est-il pas plus de la fantasmagorie que de la réalité.

Essayons.

Examinant, en principe, la question, est-il bien vrai, comme on l'a souvent répété, qu'une invention utile au-dehors, s'introduira promptement en France, par la force Pour s'introduire dans la pratique, une invention a be-

*soin d'encourage-
ment.*

Exemples

même des choses, de la concurrence, de l'investigation, de l'intérêt individuel? L'expérience, loin de là, ne vient-elle pas à l'appui du contraire?

Certes, la navigation à la vapeur est chose essentiellement utile; et, pourtant, elle avait été pratiquée, pendant bien des années, aux États-Unis et en Angleterre, avant de prendre racine en France où elle est encore, on peut le dire, à l'état, sinon d'enfance, au moins de jeunesse. Les machines à vapeur elles-mêmes n'ont-elles pas été longtemps exploitées en Angleterre avant de s'implanter dans nos usines? Et l'éclairage au gaz, et tant d'autres importantes découvertes dont on pourrait en dire autant et qui ont pris naissance en France? Si l'intérêt personnel est un stimulant de nature à faire espérer l'introduction des inventions utiles au-dehors, l'importateur d'une chose nouvelle n'a-t-il pas à lutter fortement contre l'esprit de routine, les préjugés, les habitudes, les intérêts mêmes d'industries anciennes auxquelles l'innovation vient porter atteinte, d'établissements tout formés, qui aiment mieux rester tels qu'ils sont jusqu'à ce que le temps ait usé leurs ressorts ou les ait successivement modifiés, que de les changer tout-à-fait, au prix de sacrifices actuels, quels que soient les avantages des procédés nouveaux?

*L'intérêt indivi-
duel et la con-
currence seraient
insuffisants pour
triompher des obs-
tacles opposés par
la routine, les mau-
vaises passions, les
préjugés, etc., etc.*

Enfin, ne peut-on pas dire, en faveur des brevets d'importation, qu'en industrie, il faut que les chances de profits soient porportionnées aux chances de pertes; que celui qui entreprend d'exploiter une chose connue, entrée dans les habitudes et les besoins du public, ne court que les chances ordinaires de l'industrie; que ces chances sont compensées par les profits ordinaires; mais que, s'il s'agit d'une chose nouvelle pour le public, peu importe que cette chose ait été inventée à l'étranger, si elle n'a jamais été exploitée en France; que le nom et le pays de son auteur ne changent pas son caractère d'utilité pour le pays importateur; que, pour l'y introduire promptement et mettre, sous ce rapport, l'industrie indigène au niveau de l'industrie étrangère, il faut, par une prime quelconque, encourager l'établissement ou

*Les chances de
profits doivent être
proportionnées aux
chances de pertes.*

*L'origine de l'in-
vention ne change
pas, ne fait point
disparaître son ca-
ractère d'utilité
pour le pays, inté-*

la fabrication soit de produits, soit de procédés nouveaux, quel que soit le lieu de leur origine, en adoptant, néanmoins, de sages mesures qui satisfassent, à la fois, à ce que prescrit l'esprit de justice et à ce que commandent l'intérêt privé et l'intérêt national.

C'est ce qui fit prononcer, à M. de Boufflers, dans sa réponse aux objections élevées contre la loi du 7 janvier 1791, notamment contre les brevets d'importation, ces paroles qui n'ont ni âge, ni patrie, qui sont de tous les temps comme de tous les lieux :

« Cet homme, dira-t-on, peut n'avoir fait qu'une simple « importation d'une chose qui n'était connue que dans un « autre pays, mais qui, *probablement*, serait passée, tôt ou « tard, dans le nôtre, et dont le prix, alors, aurait été ra- « baissé par la concurrence, au lieu d'être actuellement « renchéri par le privilège. Laisserez-vous, ajoutera-t-on, « cet homme jouir de ces avantages énormes que vous ne « voulez point disputer à l'inventeur ? Le laisserez-vous « imposer un prix arbitraire sur les objets de son impor- « tation.

« Vous, qui élevez cette difficulté, mettez-vous, un mo- « ment, à la place de cet entrepreneur, et jugez des autres « par vous-mêmes. Ne sentiriez-vous point que le vendeur, « en pareil cas, serait encore plus intéressé à se garantir « du reproche, que l'acheteur à se garantir de la vexation ? « Ne seriez-vous point obligés, sous peine d'être ruinés, à « répandre et à multiplier vos fabrications au point d'en « rassasier le royaume ? et ne tâcheriez-vous pas, en même « temps, de les procurer à un prix qui pût décourager, à « la fois, et les contrefaçons de l'intérieur et les importa- « tions du dehors ? En un mot, faudrait-il vous apprendre « les premiers éléments de votre profession, et vous expli- « quer que le vrai profit du marchand n'est pas de vendre « cher, mais beaucoup ?

« Cette objection, au sujet des prix, fait naître une ques- « tion au sujet de toutes les découvertes indigènes ou étran-

« gères. Vaut-il mieux, pour une nation, les avoir plus tôt
« et les payer davantage, que de les attendre plus longtemps
« pour en jouir à meilleur marché? Eh quoi! faudrait-il,
« donc, payer d'avance l'espoir, très incertain, d'acheter,
« un jour, à meilleur marché les produits d'une nouvelle
« découverte, par des années d'ignorance, par des années
« de dépendance envers l'industrie d'une autre nation? Il
« me semble entendre demander, en d'autres termes, lequel
« vaut mieux d'ignorer ou de savoir, de ne rien faire ou de
« travailler, d'acheter ou de vendre, d'attendre ou de jouir.

« C'est, sans doute, une grande différence d'avoir à
« meilleur compte ou chèrement ce qui se fabrique sur
« notre territoire; mais, c'en est une plus grande, encore,
« de fabriquer chez nous, ou de nous pourvoir ailleurs; et
« c'en est une incommensurable que de vouloir fournir à
« l'étranger, ou d'être forcé à lui acheter. Nous aurions,
« donc, toujours, moins d'intérêt, en pareil cas, à différer
« jusqu'au moment du bon marché qu'à presser le moment
« de la fabrication; et, en général, si une nation pouvait
« supputer tout ce qu'elle gagne à posséder la première une
« invention utile, et tout ce qu'elle épargne à se l'appro-
« prier le plus tôt possible, elle conviendrait sans peine
« qu'en ce genre, comme en beaucoup d'autres, la patience
« est le plus mauvais calcul. »

Si l'on consulte l'expérience, elle semblerait favorable au maintien du brevet d'importation. En présence de ces considérations, doit-on maintenir ou supprimer les brevets d'importation? Si l'on consulte l'expérience, et surtout la pratique, ce qui se passe journellement dans les fabriques, la répugnance que rencontre la production d'une industrie nouvelle, les difficultés opposées, par l'esprit d'intérêt et de routine, à la propagation d'une découverte même excellente au fond, enfin, l'accord unanime des législations de l'Europe, peut-être arrivera-t-on à reconnaître que, sinon par des motifs d'équité et de justice de la nature de ceux qui ont déterminé les brevets d'invention, au moins par l'effet de principes économiques, l'industrie générale peut être intéressée à attirer, par la prime du brevet d'importation, l'introduction des découvertes étrangères.

Dans une réunion composée de plus de cent industriels manufacturiers, la question du maintien ou de la suppression de cette institution fut vivement débattue ; et, après une discussion de dix heures en trois séances, *deux membres seulement* furent d'avis de la suppression.

Toutefois, le brevet devrait être demandé avant qu'à l'étranger l'invention ait été exploitée ou ait reçu une publicité suffisante pour être connue, et la durée du brevet d'importation ne pourrait s'étendre, comme actuellement, au-delà de l'exercice privatif de l'inventeur ; en outre, il devrait être justifié du privilège, par l'impétrant, lors du dépôt de sa demande, justification qui n'est pas exigée aujourd'hui, ce qui me semble un tort ; car, il en résulte que l'on peut faire bréveter d'importation une chose qui, au dehors, est dans le domaine public, quoique non décrite dans des ouvrages ; et la preuve testimoniale ou par certificats est trop incertaine, trop illégale, pour pouvoir être admise. Il est vrai qu'en Angleterre, on délivre les patentes *sur le seul titre* donné à l'invention, lequel, la plupart du temps, est fort vague dans sa généralité, et qu'on a six mois pour remettre la description ; d'où il résulterait que, souvent, l'inventeur serait obligé de remettre sa spécification en France avant l'expiration de ces six mois. Cela pourrait être un inconvénient pour cet inventeur ; mais, il serait impossible de tenir compte de cette disposition, d'autant plus qu'elle n'existe qu'en Angleterre, puisque, dans tous les autres pays, il est de l'essence du contrat que la description soit déposée lors de la demande. D'ailleurs, les six mois ont cet immense inconvénient qu'ils permettent de comprendre dans la spécification tout ce qui se rattache à l'invention, lors même qu'un autre justifierait en avoir eu l'idée, ce qui est un privilège tout-à-fait exorbitant.

A quelles conditions.

DES DROITS DES ÉTRANGERS.

Motifs de ces droits

En même temps qu'il abrogeait implicitement les brevets d'importation, le projet de loi abrogeait, aussi implicitement, cette cause de déchéance de la loi du 7 janvier 1791, qui déclare déchu le bréveté qui, pour la même invention, aurait demandé un brevet à l'étranger: mesure qui ne s'explique que par la date de la loi même, par les circonstances du temps, circonstances que les idées économiques et les relations actuelles devaient faire disparaître. Cette abrogation était vivement sollicitée par les inventeurs; on en conçoit facilement tout l'intérêt pour eux. Ils peuvent, donc, d'après le projet, aller faire bréveter leurs découvertes, déjà brévetées en France, partout où bon leur semblera, dans tous les pays où la législation locale ne les repousse point.

Toutefois, le projet avait à craindre que l'anéantissement des brevets d'importation ne devînt funeste aux inventeurs que l'on voulait favoriser, en provoquant, à l'étranger, des dispositions de réciprocité qui interdiraient aux Français le droit d'user du bienfait de la faculté nouvelle. Aussi, dans cette vue, autant que par esprit de justice et même d'équité, l'art. 29 du projet du gouvernement vint-il dire :

Article 29 du projet du gouvernement.

Tout étranger qui aura obtenu, dans son pays, un brevet pour une découverte ou invention susceptible d'être brévetée aux termes des articles 1 et 2, pourra obtenir, en France, un brevet pour la même découverte ou invention, si la réciprocité est accordée aux Français par les lois de la nation à laquelle il appartient.

La durée du brevet, dans le cas prévu ci-dessus, ne pourra ni excéder celle du brevet étranger, ni s'étendre au-delà du maximum de quinze années.

La taxe à payer par le demandeur sera fixée à raison de 100 francs par chaque année.

Le demandeur devra joindre, à sa demande, outre les pièces énoncées dans l'art. 5, une expédition authentique de son brevet étranger.

Voici, dans l'exposé ministériel, les motifs de cette disposition.

« A l'égard des inventions étrangères, la loi du 7 janvier
« 1791 déclarait que *quiconque apporterait, le premier, en*
« *France, une découverte étrangère, jouirait des mêmes avan-*
« *tages que s'il en était l'inventeur;* mais, cette disposition
« était moins, alors, un hommage rendu au génie de l'in-
« vention, qu'une prime offerte à l'importation des décou-
« vertes étrangères.

« La suppression des brevets d'importation, écartant
« cette dernière considération, nous nous trouvons en pré-
« sence d'une de ces hautes questions internationales qui
« rencontrent, aujourd'hui, en France, une libérale ap-
« préciation, et nous avons dû nous inspirer des considéra-
« tions généreuses qui, lors de la discussion de la loi sur
« la propriété littéraire, ont retenti si éloquemment dans
« l'enceinte des deux chambres.

« *Sous l'influence de ces impressions, nous avons cru qu'il*
« *était digne de la France de donner l'exemple de la reconnais-*
« *sance du droit des inventeurs, sans distinction de nationalité,*
« *et de poser, dans la loi, le principe d'un droit public interna-*
« *tional pour la garantie des œuvres du génie industriel chez tous*
« *les peuples.*

« Nous vous proposons, donc, par l'article 29 de déclarer
« que l'étranger qui aura obtenu un brevet d'invention dans
« son pays pourra obtenir un brevet en France pour la
« même découverte, et pour une durée égale à celle de son
« brevet étranger, dans les limites, toutefois, du maxi-
« mum de quinze années fixé pour les brevets français.

« Une seule condition spéciale est imposée pour la validité
« de ces brevets; c'est que la réciprocité soit accordée aux
« Français par la nation à laquelle appartient l'étranger.
« Cette condition est juste, elle est, d'ailleurs, nécessaire
« pour prévenir les inconvénients et le désavantage qui
« résulteraient pour nos produits, sur les marchés du dehors,
« de la concurrence des produits fabriqués librement, tandis
« qu'en France ils seraient grévés de toutes les conséquences
« du monopole. »

Comme le Ministre, nous pensons qu'il *était digne de la France de donner l'exemple de la reconnaissance du droit des inventeurs sans distinction de nationalité, et de poser, dans la loi, le principe d'un droit public international pour la garantie des œuvres du génie industriel chez tous les peuples.* Ce principe de l'affranchissement législatif de la pensée et de la consolidation de ses droits utiles est essentiellement économique et moral. Seulement, pour rendre justice à qui elle est duc, il convient de dire que c'est l'Autriche qui, dans sa loi sur les privilèges d'invention, a posé, la première, ce grand principe, en conservant les brevets d'importation, mais en faveur seulement des inventeurs, sans distinction de nationalité, ou de ceux avec lesquels ils auraient traité. Elle voulut, ainsi, que l'invention profitât à son auteur seul ou aux personnes de son choix avec lesquelles il se serait entendu, dans le cas où il ne lui aurait pas convenu de prendre privilège au dehors. Cette loi poussa même la générosité jusqu'à ne pas exiger la réciprocité de l'étranger, tant elle avait le sentiment du droit de l'inventeur, tant ce droit lui paraissait saint et respectable. Voici comment s'exprime l'article 2 de la loi autrichienne du 31 mars 1832 :

L'Autriche a été plus loin que le projet.

« Quiconque aura obtenu, à l'étranger, un brevet d'in-
« vention pour une découverte ou un perfectionnement
« qu'il voudra introduire dans les états autrichiens, pourra,
« *lui ou son cessionnaire duement reconnu*, obtenir un pri-
« vilège pour ces objets; mais, la durée de ce privilège n'ex-
« cédera pas celle du brevet qu'il aura obtenu à l'étranger;
« et, dans aucun cas, cette durée ne pourra dépasser
« quinze années, à moins d'une permission spéciale de notre
« part.

« L'importation, dans les états autrichiens, d'une inven-
« tion ou d'un perfectionnement ne pourra être l'objet d'un
« privilège exclusif qu'autant que cette invention ou ce
« perfectionnement seront brevetés à l'étranger. »

Toutefois, sans aller aussi loin, le projet avait cru devoir écrire, dans sa loi, la condition de réciprocité » mais , au moins , le principe politique, d'équité même , était admis.

Cependant, la Chambre des Pairs non-seulement a rejeté la condition de réciprocité , mais même le principe qui accordait à tout étranger, qui aurait obtenu , dans son pays, un brevet pour une découverte ou invention susceptible d'être brevetée aux termes des articles 1 et 2 , la faculté d'obtenir, en France, un brevet pour la même découverte ou invention.

La Chambre des Pairs a rejeté l'article 29 du projet.

Ce rejet est-il juste et politique? Nous ne le pensons pas.

Il n'est pas juste ; car, le projet, en abrogeant la disposition de la loi du 7 janvier 1791, qui frappe de déchéance tout inventeur qui, après avoir obtenu un brevet en France, sera convaincu , d'en avoir pris un pour le même objet en pays étranger, donne, au breveté français, ce qu'il demandait depuis longtemps, le droit de faire privilégier sa découverte à l'étranger : et , en même temps , le projet , avec le rejet de la proposition du gouvernement, interdit à l'étranger , qui aura obtenu un brevet dans son pays , le droit de breveter la même découverte en France ; c'est-à-dire , en d'autres termes , que la Chambre des Pairs refuse , en France, aux brevetés étrangers, ce qu'elle accorde, à l'étranger, aux brevetés français. Qu'il y a loin de cette disposition à celle de la loi autrichienne !

Ce rejet n'est ni juste, ni politique Pourquoi.

Le rejet n'est pas politique ; car, il expose à ce que, par voie de réciprocité, l'étranger ne permette pas, chez lui, aux Français, ce que les Français lui défendent en France. Alors, que deviendrait le bénéfice de l'abrogation de l'article 16 § 5 de la loi du 7 janvier 1791 ?

Mais, a dit la Chambre des Pairs, en fait, dans tous les pays, sauf la Prusse, les Français peuvent faire breveter leurs inventions à l'étranger. Pourquoi, donc, grever la France d'un monopole accordé aux brevetés étrangers et qui ne nous attribuerait rien de plus que ce qui existe déjà?

Fort bien pour le présent, répondra-t-on, parce que, jusqu'à ce jour, les brevets d'importation existant en France, les étrangers brevetés chez eux avaient le droit de faire privilégier chez nous leurs découvertes. Mais, si vous venez leur retirer ce droit par la loi nouvelle, qui vous assure qu'ils n'useront pas de réprésailles, dans le cas où ils seraient assez impolitiques pour supprimer, dans leurs législations, les brevets d'importation, qui sont, pour leur industrie, une source de fortune quelle que soit son origine?

Autre objection de la Chambre des Pairs. Dans tous les pays, sauf en Angleterre, l'inventeur est obligé de déposer sa description en formant sa demande de brevet ou privilège. Or, aux termes de l'article 32 du projet du gouvernement : *N'est pas réputée nouvelle toute découverte ou invention* « *qui, en France* OU A L'ÉTRANGER, *et antérieurement à la date* « *du dépôt de la demande, aura reçu, soit par la voie de l'im-* « *pression,* SOIT DE TOUTE AUTRE MANIÈRE, *une publicité suffi-* « *sante pour pouvoir être exécutée ;* donc, il ne saurait y avoir lieu, aux termes de cet article 32, à accorder un brevet, en France, à l'étranger dont l'invention aurait, déjà, reçu, par le dépôt de sa description, une publicité suffisante pour pouvoir être exécutée.

RÉPONSE. Le raisonnement serait juste, si le seul fait du dépôt de la spécification était assimilé *à une publicité réelle,* ce qui ne saurait être ; ou si le brevet, en France, était accordé au bréveté étranger après la délivrance même de son titre *contenant description.* Mais, si le brevet français n'est demandé qu'avant cette délivrance, alors plus d'objection. Or, c'est ce qui aurait lieu : car, c'est ce qui se pratique aujourd'hui. On demande le brevet d'importation en France *en même temps* que le brevet étranger ; d'où il résulte que l'invention est naturalisée chez nous au moment de sa naissance légale dans son pays d'origine, ce qui est un bien, à moins que la nationalité étrangère de son auteur, entachant de réprobation sa découverte, ne lui fasse perdre son caractère d'utilité à nos yeux.

Nonobstant la décision de la Chambre des Pairs, et dans le cas où l'on ne conserverait pas l'institution du brevet d'importation, je vote, donc, pour le maintien de l'article 29 du projet du gouvernement, en y ajoutant cette disposition réglementaire que le brevet ne serait délivré au privilégié étranger *ou à ses ayant-cause, comme en Autriche,* que sur la justification du dépôt de sa demande dans le pays originaire. Cette justification n'aurait même pas d'inconvénient pour l'Angleterre où l'on a six mois pour le dépôt de la spécification, parce que, jusque-là, l'invention, étant réellement secrète malgré la délivrance de la patente qui n'en contient *que le titre,* le patenté ne formerait sa demande en France qu'au moment du dépôt de sa spécification à la chancellerie anglaise.

Si l'on n'adopte pas l'article 29, qu'arrivera-t-il? Que l'abrogation des brevets d'importation sera continuellement éludée et donnera lieu à de nombreux et difficiles procès. En effet, l'inventeur étranger ou celui avec lequel il aura pu traiter, demandera, en France un brevet d'*invention* au moment de sa demande au-dehors: dira-t-on, dans ce cas, que son brevet est nul parce que c'est un véritable brevet d'*importation mutato nomine,* et que la loi les proscrit? Mais, alors, comme deux personnes peuvent faire la même invention, et cela s'est vu souvent, puisque la loi de 1791 a cru devoir, dans cette hypothèse, fixer la priorité légale, on se prévaudra de la rencontre. De là, les fraudes, le mensonge par intérêt, et toutes ces conséquences qu'on aurait pu prévenir par l'adoption de l'article 29, c'est-à-dire de la vérité, d'un principe juste, équitable et politique au point de vue du droit international, d'un principe qui serait un véritable acheminement à l'émancipation des droits de la pensée, à l'assimilation plus complète de ces droits à ceux de la propriété matérielle.

Ce qui arrivera si l'on rejette l'article 29.

Je terminerai en faisant une observation qui aurait peut-être plus convenablement trouvé sa place au sujet de la question des brevets d'importation, *mais qui m'est suggérée* par l'article 29 lui-même.

Par l'effet de circonstances, ou de cet esprit cosmopolite,

résultat heureux des progrès de la civilisation, un Français s'établit à l'étranger, à Londres par exemple ; pour le moment Londres est son pays, quoique, jamais, un Français ne renonce à la France. Il y fait une invention pour laquelle il demande une patente. Si l'article 29 était adopté par la Chambre des Députés, cet article, comme le titre III, ne s'appliquant qu'aux *étrangers*, est-ce que, dans l'espèce, le Français serait privé du bénéfice accordé par ce titre et cet article, sous prétexte qu'il ne serait pas étranger, ce qui serait plus qu'injuste, ce qui serait absurde ; ou bien, lui appliquerait-on la qualité d'*étranger* pour lui en faire recueillir les droits, ce qui pourrait satisfaire ses intérêts, au détriment de ses sentiments nationaux ; ou, enfin, la loi le mettrait-elle dans la nécessité de recourir à des subterfuges, à des prête-noms pour jouir des avantages attribués aux étrangers, chez lesquels il aurait été chercher fortune? Non. Présenter ces questions, c'est, suivant moi, les résoudre. Aussi, ne m'y arrêterai-je point.

CONCLUSION.

Je ne puis conclure que d'une manière générale sans formuler des dispositions qui ne peuvent s'improviser dans une assemblée et qui demandent toute la méditation, tout le recueillement de la solitude du cabinet.

Dès-lors, sur les deux points importants examinés dans cette séance, je dirai :

A l'égard de la suppression des brevets d'importation, que cette question était assez grave, au point de vue économique, d'intérêt social et privé, de justice et d'équité, pour mériter les honneurs d'une discussion qu'elle n'a point eue.

Et, à l'égard des droits des étrangers, que l'article 29 du projet du gouvernement, supprimé par la Chambre des Pairs, me parait devoir être maintenu en même temps que l'article 28 amendé par la Chambre des Pairs et ainsi conçu, sous le numéro 27 : *Les étrangers pourront obtenir, en France, des brevets d'invention.*